JN412240

FINANCIAL
MANAGEMENT

쉽게 배우는 재무관리

심 준 섭

유원북스

머리말

최근들어 융합전공이 늘어나면서 경영학과 공학, 어학 등을 함께 배우는 학생들이 급증하고 있다. 하지만 경영학 전공을 복수전공으로 하거나 경영학 관련 과목을 배우는 학생들에게 재무관리는 매우 어려운 과목으로 꼽힌다.

왜 그럴까? 그중에 가장 많은 얘기는 용어가 생소하고 어려우며 수학적 설명이 너무 많다는 것이다. 실제로 융합전공과목으로 우리 대학의 항공관련학과 학생들에게 재무관리를 강의하면서 보다 쉽게 가르치고 배우는 방법이 없을까라는 고민을 몇 년째 하고 있다. 그러나 사실 수학적으로 설명해 현장에서 적용이나 활용 및 응용능력을 높이는 것이 중요하지만 처음 재무관리를 배우는 학생들에게는 부담감을 주고 있는 것이 사실이다. 특히 재무관리를 쉽게 배우도록 하기 위해선 교수가 쉽게 강의를 해야 하겠지만 교재 분량이 많아 주어진 15주 시간 내 과목을 이해하는 게 쉽지 않다. 이에 그래도 시중에 나와 있는 타교재보다 좀 쉽게 배울 수 있는 교재를 만들어 보고자 이 책을 쓴다.

저자가 대학에서 재무관리를 강의한 지도 30년이 넘어섰다. 그러나 여전히 학문은 발달되고 있지만 학문의 현학적인 자세와 전개에 치우쳐져 왔는 것은 아닐까라는 생각이 들어 저 역시 반성을 한다. 그리고 학문적인 이론을 장황하게 설명하고 학생들의 입장에서 그 이론이나 원리의 응용에 대해선 다소 등한시하지 않았나 생각한다. 그래서 학문의 흥미를 조금이라도 높이고 보다 쉽게 이해를 돕기 위해 간략하게 설명하면서 수학적인 개념보다는 그림을 통해 쉽게 배울 수 있도록 만들어 보고자 한다.

재무관리는 디지털 지식경제시대를 맞아 더욱 급속도로 발전하고 있다.

특히 불확실성의 시대를 맞아 투자자의 위험과 기대수익에 대한 예측을 통한 자산의 가치를 정확하게 평가해 기업가치를 극대화해나가는 재무관리자의 역할이 더욱 중요해지고 있다. 오늘날 인공지능 등의 발달로 인간은 개념을 이해하고 복잡한 문제해결은 어차피 컴퓨터나 인공지능 로봇에게 명령만 내리면 쉽게 답을 구할 수 있는 시대가 도래하고 있다. 개념을 이해하고 활용할 수 있는 방법만 알면 된다는 것이다.

이에 재무관리 수강생들에게 개념과 이론을 이해시키기 위해 수학적인 설명을 가급적으로 줄이고 말과 그림 등을 통해 쉽게 배울 수 있도록 제작하였다. 이를 위해 각 단원별로 학습목표를 제시하고 각 이론 뒤에는 그림으로 설명하면서 마지막에는 그림으로 전체적인 내용을 요약하였다. 특히 각 단원별로 학습목표를 제시하고 그 목표를 달성하기 위한 재무의사결정 상황 등 자신의 입장에서 생각하고 실행하는 과정에 초점을 맞췄다.

본서는 크게 4편으로 구성되어 있다. 제 1 편에서는 재무관리의 기초 내용을 다루었다. 제 2 편에서는 재무상황과 투자결정 시 꼭 알아야 할 내용과 전략을 다루었다. 제 3 편에서는 자본조달과 자본구조, 제 4 편에서는 배당정책과 운전자본관리 등을 다루었다.

본서는 기존 교재가 어렵다는 단점을 보완하기 위해 보다 쉽게 쓴다고 노력을 했지만, 독창적인 아이디어 부족 등으로 다른 서적을 참고할 수밖에 없었다는 아쉬움이 남는다. 본서는 선배 및 동료 교수님들의 가르침과 학문적 업적에 대해 많은 신세를 졌음을 밝히며 고개 숙여 이 분들에게 감사의 말씀을 올리고자 한다. 또한 본서의 내용과 글자의 오류가 있다면 모든 책임이 저자의 부족함에 있음을 밝히고 앞으로 개선을 위해 끊임없이 매진하고자 다짐한다.

2019년 12월

숭선골 연구실에서 저자 씀

차 례

제 1 편 재무관리의 기초

제 1 장 재무관리란 무엇인가?

제 2 장 금융시장과 재무제표의 이해

제 4 편 배당정책과 운전자본관리

제12장 배당정책

제13장 운전자본관리

제 1 편

재무관리의 기초

제 1 장 재무관리란 무엇인가?

제 2 장 금융시장과 재무제표의 이해

제 3 장 화폐의 시간적 가치

[쉽게 배우는 재무관리]

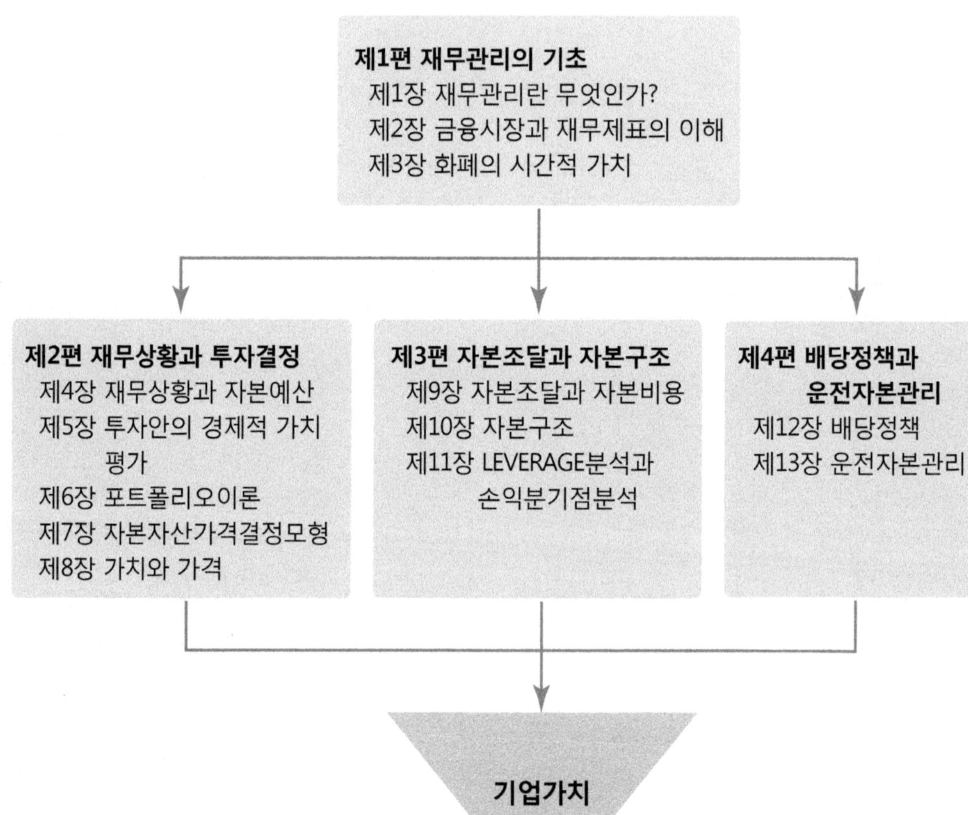
제1편 재무관리의 기초
제1장 재무관리란 무엇인가?
제2장 금융시장과 재무제표의 이해
제3장 화폐의 시간적 가치
제2편 재무상황과 투자결정
제4장 재무상황과 자본예산
제5장 투자안의 경제적 가치 평가
제6장 포트폴리오이론
제7장 자본자산가격결정모형
제8장 가치와 가격
제3편 자본조달과 자본구조
제9장 자본조달과 자본비용
제10장 자본구조
제11장 LEVERAGE분석과 손익분기점분석
제4편 배당정책과 운전자본관리
제12장 배당정책
제13장 운전자본관리
기업가치

제 1 장

재무관리란 무엇인가?

학습목표

본 장은 재무관리가 어떠한 학문이며 재무관리자는 누구이며 어떠한 역할을 하는지를 살펴본다. 그리고 재무관리자는 기업의 재무목표를 달성하기 위해 경영활동 가운데 재무관리활동을 어떻게 해야 유능한 재무관리자가 될 것인지를 학습한다.

- 재무관리의 학문적 성격과 개념
- 재무관리의 기능
- 재무관리자와 재무의사결정
- 재무관리의 영역
- 재무관리의 목표

제1절 재무관리의 개념

1. 경영학과 재무관리

경영학은 한정된 경영자원을 활용하여 조직의 목표를 효율적·효과적으로 달성하기 위한 계획(planning), 실행(doing) 그리고 통제(seeing)의 과정을 다루는 학문이다. 경영학을 기능별로 나누면 크게 인적자원관리, 생산관리, 재무관리, 마케팅, 회계 등으로 나눌 수 있다. 기업들은 조직의 목표를 달성하기 위해 인사, 생산, 구매, 재무, 회계 등 여러 가지 기능활동을 수행한다. 조직은 기업수준의 목표와 하위 수준의 목표 등을 설정해 자신이 소속된 목표를 달성하기 위해 다양한 전략과 전술 등을 수립해 실행한다. 최근에는 기업, 즉 영리법인뿐만 아니라 병원, 학교 등의 비영리법인, 행정기관 심지어는 NGO(비정부기구)에도 경영학의 개념이나 경영논리가 도입되면서 경영학의 개념도 점차 확대되고 있다. 이에 따라 경영학의 하위 학문인 재무관리의 개념과 역할도 점차 확대되고 있는 추세이다.

재무관리(financial management)란 기업이나 조직 등의 재무목표를 달성하기 위해 주어진 재무적 자원을 활용해 자본의 투자결정과 자본조달, 배당결정 등 재무기능을 효율적이고 효과적으로 수행하기 위한 계획과 실행, 통제의 과정을 관리하는 것에 관한 이론과 기법을 배우는 과목이다. 이를 그림으로 나타내면 [그림 1-1]과 같다.

기업의 경영과 관련된 재무활동은 투자의사결정과 자본조달의사결정, 배당의사결정 등이 있으며, 이러한 의사결정을 효율적으로 추진하기 위해 계획, 실행 그리고 통제의 과정을 거쳐야 한다. 따라서 유능한 재무관리자가 되기 위해서는 재무관리의 목표와 재무기능, 경영의 관리사이클 이해를 통한 재무관리기법의 적용과 응용의 학습이 필요하다.

❙그림 1-1❙ 재무관리의 개념도

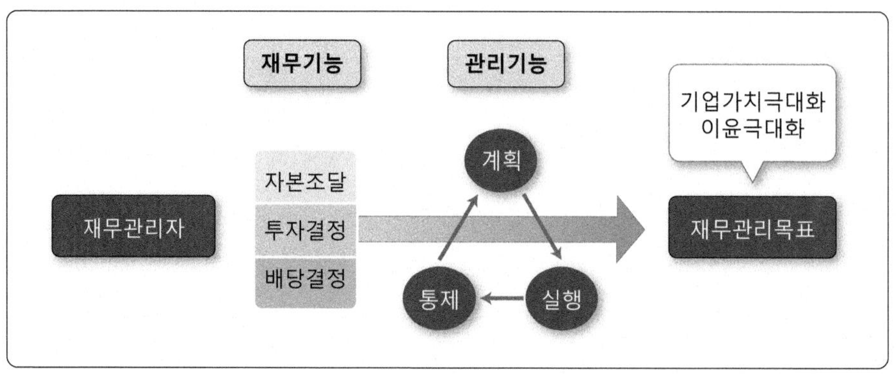

2. 재무관리의 기능

재무관리의 기능(function)은 재무목표를 달성하기 위한 재무관리자의 역할이기도 하다. 재무기능의 수행결과는 재무상태표 등 재무제표에 나타난다. 흔히들 해당기업의 재무상태표를 보고 투자자와 채권자 등은 재무건전성과 성장성, 수익성 등을 평가한다. 따라서 재무관리자는 기업의 이해관계자로부터 재무적 측면에서 높은 평가를 받기 위한 노력이 필요하다.

재무관리의 기능은 크게 5가지로 나눌 수 있다. 가장 중요한 기능은 자본조달과 투자결정, 배당결정이다. 그리고 지속적인 재무활동을 수행하기 위한 운전자본관리 및 재무계획과 통제의 기능도 필요하다.

투자결정기능은 조달된 자금을 어떻게 운용할 것인가와 관련된 의사결정을 의미한다. 투자결정은 기업활동을 위해 조달된 자본을 언제 어떤 자산에 얼마를 투자할 것인가를 정하는 것이다. 이 결과는 재무상태표의 차변에 유동자산과 비유동자산의 구성상태로 나타난다. 총투자자산 중 현금, 매출채권, 재고자산 등의 유동자산과 건물, 설비 등의 비유동자산 가운데 어떤 자산을 얼마만큼 보유하는 것이 기업 목적에 비추어 가장 효율적인 배분인가라는 자산의 최적배합 또는 최적자본구조 문제가 투자결정의 주된 과제가 된다.

❙그림 1-2❙ 재무의사결정과 재무상태표

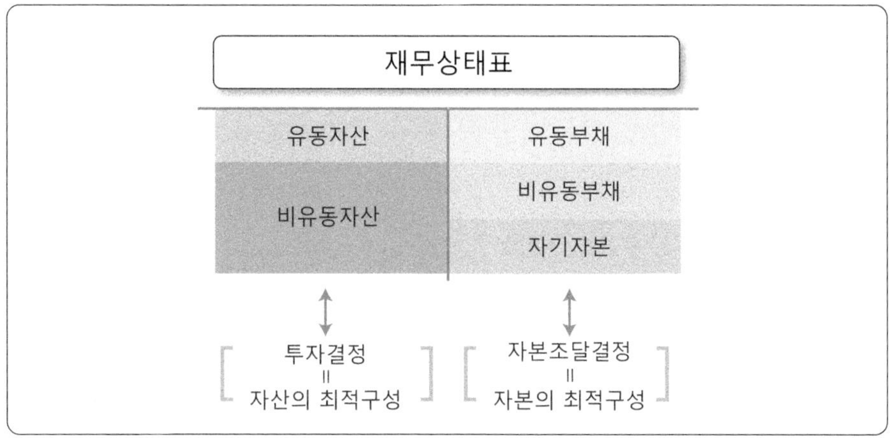

자본조달결정기능은 투자 및 기업활동에 필요한 자금을 어디서 얼마만큼 확보하는 것이 효율적인 조달방법인가를 결정하는 것이다. 이 결과는 재무상태표의 대변에 부채와 자본의 구성상태로 나타난다. 자본조달과 투자결정은 재무관리의 목표인 기업가치극대화를 위해선 무엇보다 자본조달의 원가나 비용이 저렴하고 장기적으로 활용가능한 자본의 조달을 통해 조달된 자원을 미래가치가 증대되는 투자자산으로 전환하거나 보유하는 전략이 필요하다.

배당결정기능은 재무경영활동의 성과인 이익이 생기면 이익을 어떻게 배분할 것인가를 결정하는 것이다. 이 밖에 유동자산에서 유동부채를 차감한 유동성관리를 위한 운전자본관리기능도 중요하다. 또 미래 불확실한 경영활동의 안전성을 높이기 위한 재무계획과 통제의 기능도 필요하다. 기업의 재무기능 수행 결과와 재무상태표의 관계는 [그림 1-2]와 같다.

3. 재무관리의 영역

재무관리자는 기능부문으로 볼 때 기업의 재무관리분야 담당자를 일컫는다. 기업의 재무 관련 담당 부서에는 크게 재무담당자(treasurer)와 회계담당자(controller)로 구분할 수 있다. 재무담당자는 기업의 현금과 신용관리, 자본적 지출에 대한 결정, 그리고 재무계획과 통제와 관련된 기능을 담당한다. 실제 자금부, 채권관리부, 기획실, 예산실, 감사실, 심사부 등은 이들 부서에 속한다고 할 수 있다. 회계담당자는 세금계산과 원가 및 재무회계, 회계정보시스템관리 등 회계기능을 수행한다. 흔히들 경리과, 회계과, 원가분석과 등을 들 수 있다.

기업의 규모가 커지고 재무의 중요성이 증대됨에 따라 대기업 등에는 자금담당 전무나 상무 등 재무담당 중역을 두고 있다. 이들을 기업의 경영전략을 검토하고 재무적 지원 관련 재무의사결정을 총괄하는 재무최고책임자(CFO: Chief Financial Officer)라 한다. 그러나 자금조달과 투자결정 등의 최종결정자는 최고경영자(CEO: Chief Executive Officer)의 고유권한에 속해 실제로 재무담당자는 한정된 권한과 책임을 갖는 것이 일반적이다.

4. 재무관리자와 재무의사결정

재무관리자는 재무관리의 목표인 기업가치 극대화를 위해 재무기능을 효율적이고 효과적으로 수행하기 위한 재무의사결정의 고민에 빠지지 않을 수 없다.

재무관리자의 기본적 재무의사결정(financial decision making)은 [그림 1-3]과 같이 투자결정(investment decision), 자본조달결정(fimancing decision), 배당결정(devidend decision) 및 운전자본관리 기능 등으로 나눌 수 있다.

이러한 재무의사결정을 통해 재무목표인 기업가치 극대화를 달성하는 방안을 도출하고 실행해 나갈 때 재무관리자는 재무의사결정의 연속이다. 투자결정에서 투자가 증가하면 증가할수록 미래현금흐름의 수익성과 영업위험의 변동성이 증가되면서 기업가치의 변동성도 커진다. 자본조달결정에서

❙그림 1-3❙ 재무기능과 재무의사결정의 관계

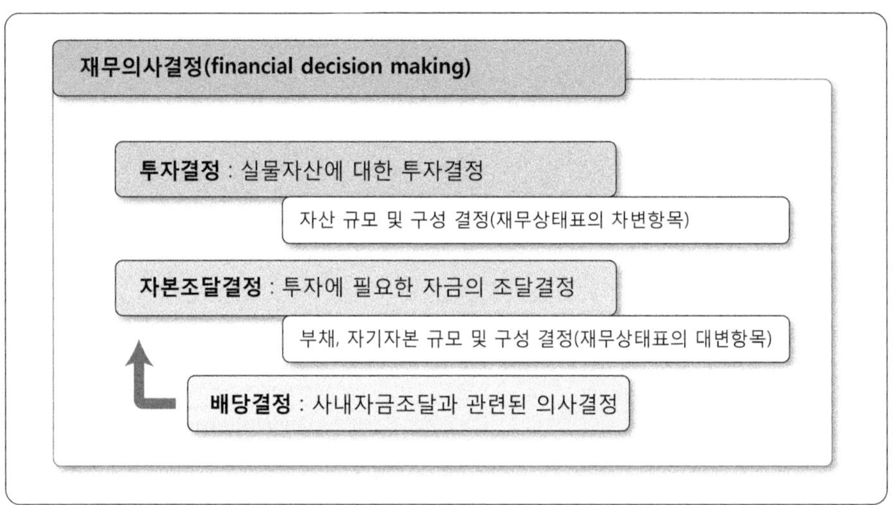

부채에 의한 자본조달이 증가할수록 재무위험이 커지면서 할인율이 높아진다. 재무관리자는 기업의 경영활동 가운데 자금과 관련된 합리적인 투자 및 경영활동을 위한 자금의 조달 등 재무기능을 수행하여 기업의 가치가 극대화될 때 유능한 재무관리자로 평가된다. 유능한 재무관리자는 결론적으로 투자결정과 자본조달, 배당결정, 운전자본관리기능 등을 통해 기업의 가치를 극대화시키는 경영능력을 갖고 있는 경영자일 것이다.

기업의 가치는 기업이 미래에 창출할 현금흐름을 적절한 할인율로 할인한 현재가치의 총합으로 계산할 수 있다. 기업의 가치를 극대화하기 위해선 재무관리자는 투자결정과 자본조달결정, 배당결정 등의 재무적 의사결정을 얼마나 잘 하느냐에 달려 있다.

제2절 재무관리의 목표

1. 이익극대화와 기업가치극대화

기업은 영리를 추구하는 조직체이다. 그러나 기업의 이미지 제고와 지속적 성장을 위해선 사회적 책임의 중요성이 증대되고 있다. 이에 따라 단기적 이익보다 장기적인 존속과 성장을 지향하고 장기적 이익을 추구하는 기업가치의 극대화가 재무관리입장에선 오늘날 더 바람직한 목표(objectives)로 평가되고 있다. [그림 1-4]는 기업가치의 극대화인 재무관리 목표를 달성하기 위한 재무기능과의 관련성을 나타내고 있다.

종전 경영의 목표인 이익극대화는 단일 회계기간 또는 단기목표로서의 이익극대화를 의미하므로 계속기업의 공준을 바탕으로 하고 있는 기업의 재무관리목표를 설명하는 데 한계가 있다. 이익개념이 기업의 경제적 가치변화를 측정하지 못하는 주요 이유는 다음과 같다.

첫째, 이익이라는 개념이 모호하다. 예를 들면 장기이익, 단기이익, 총자

▌그림 1-4▐ 기업가치극대화와 재무기능

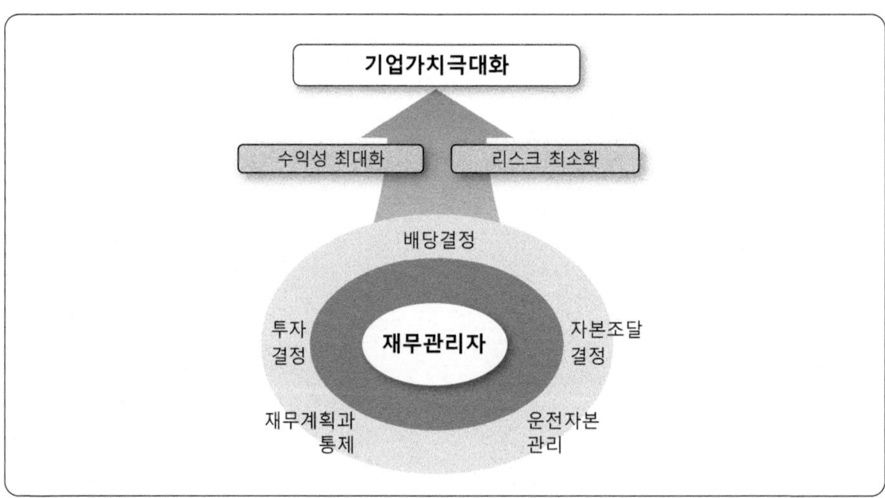

본이익, 자본이익, 순이익, 영업이익 등 그 내용이 명확하지 못하다. 둘째, 이익의 발생시기가 서로 다를 경우 이익 간 비교가 곤란하다. 같은 크기의 이익이라도 발생 시점에 따라 그 가치에 차이가 난다. 셋째, 미래에 예상되는 이익실현의 불확실한 정도 즉 위험을 반영하지 못한다. 이와 같이 이익의 극대화 개념은 이익개념의 모호성, 화폐의 시간성, 이익실현의 불확실성, 배당결정 등을 고려하지 않기 때문에 재무적 의사결정의 지표로서는 한계가 있다.

이에 반해 이러한 한계점을 해소할 수 있는 개념이 부의 개념이다. 기업가치(firm value)는 시장에서보다 객관적인 가치로 평가가 가능하기 때문이다. 기업가치는 타인자본의 가치와 자기자본의 가치의 합으로 구성된다. 타인자본의 가치는 기업의 영업성과에 따라 변하지 않으므로, 기업가치극대화는 자기자본가치 극대화와 동일하다. 기업가치 평가는 상장기업의 경우 주식시장에서 형성되는 매일매일의 주가에 의해 평가될 수 있다. 반면, 비상장기업의 경우는 매매사례가액이나 객관적인 평가기관에서 기업의 미래수익창출능력의 현가에 의해 계산할 수 있다.

기업가치 = 타인자본의 가치 + 자기자본의 가치
= 주가 × 주식수

가령 삼성전자의 주가가 5만원에서 5만 5천원으로 상승했다면 가격의 상승을 무엇으로 설명할 것인가? 이는 주식시장에서 투자자들이 삼성전자의 기업가치가 높아질 것으로 예상되기 때문에 주식을 매수한 결과로 봐야 할 것이다. 이것은 기업가치에 대한 균형시장의 평가이다. 이같은 주가의 상승은 바로 주주 부의 상승으로 이어진다.

주가는 주주 부의 실질적인 척도이다. 이 교재에선 주주 부의 극대화는 기업가치극대화, 주가의 극대화와 같은 의미로 사용한다. 기업활동에 의한 기업가치의 증가는 궁극적으로 주주 부의 증가로 이어지기 때문이다.

2. 기업가치의 극대화방안

기업가치의 극대화 방안은 무엇일까? 기업가치는 무엇보다 기업의 미래 현금흐름 창출능력의 현재가치로 평가된다. 기업의 가치극대화 방안은 크게 4가지 관점에서 재무관리기능과의 연계가 필요하다.

첫째, 해당 기업의 가치증대를 위한 매출능력의 극대화이다. 매출극대화를 위해선 신규고객 확보, 기존고객 유지 및 관계 강화, 판매정책 및 제품의 차별화와 특성화 등을 통한 가격경쟁력 등을 최대한 보여줘야 한다.

둘째, 수익창출능력의 극대화이다. 기업은 생산능력을 바탕으로 고객관계관리능력 증대와 임직원들의 영업능력 향상 등 판매 및 경영관리능력을 증대시켜 나가야 한다. 또 매출액에서 원가절감을 위한 생산 및 관리 효율 증대, 첨단제품의 생산 주도 등 새로운 신제품 개발 등 장·단기적 연구개발능력 등의 강화가 필요하다.

셋째, 효율적 자산관리능력이 수반돼야 한다. 건물, 공장, 장비 등에 대한 사업장 및 인프라 등 고정자산에 대한 투자를 통한 이익증대방안 및 저렴한 비용의 자본조달능력, 자산의 효율적 관리와 운전자본관리 능력을 갖고 있어야 한다.

넷째, 기업목표의 달성능력 극대화이다. 기업의 목표달성을 위한 전략을 수립, 운영능력 및 통제력, 사업계획 수립 및 자산의 전략적 활용, 사업성과 관리 등 역량 및 기업 내·외부 역량의 극대화가 기업가치의 평가에 중대한 영향을 미친다.

활용과 응용

본 장은 재무관리의 목표를 달성하기 위해 재무관리자가 해야 할 역할과 재무전략수립 및 실행방안을 이해하고 적용할 수 있어야 할 것이다.

- 재무관리란 무엇을 배우는 학문인가?
- 재무관리자가 기업가치를 극대화하기 위해 가져야 할 자세와 역할은 무엇인가?
- 유능한 재무관리자란 누구인가?
- 재무관리자의 바람직한 재무의사결정방안은 무엇인가?
- 재무관리목표가 왜 기업가치의 극대화인가?
- 기업가치는 어떻게 측정할 수 있는가?

제 2 장

금융시장과 재무제표의 이해

학습목표

본 장은 재무의사결정에 영향을 미치는 금융시스템과 금융시장을 이해하고 금융과 실무의 순환관계를 확인한다. 그리고 기업의 재무제표에 나타난 회계자료 등 데이터를 바탕으로 재무상태표 등이 어떻게 작성되며 그 의미가 무엇인지를 이해하고 합리적인 재무의사결정을 수행해나가는 방안을 알아본다.

- 금융시스템과 금융시장
- 금융시장의 구조와 역할
- 경제주체의 종류와 역할
- 재무제표의 의의와 종류
- 재무제표의 작성목적과 활용

제1절 금융시장의 이해

1. 금융시스템과 금융시장

기업은 금융시스템 내에서 자금을 조달하고 투자를 한다. 금융시스템이란 금융시장과 금융중개기관, 금융 관련 서비스를 제공하는 기업, 기타 조직들과 관련된 모든 제도 및 운영체계를 말한다. 기업뿐만 아니라 가계와 정부의 재무의사결정은 대부분 금융시스템 내에서 이뤄지므로 금융시스템을 잘 이해하고 활용할 줄 알아야 한다. 금융시스템은 시간적·공간적 이동을 촉진시키고 위험관리수단의 제공 등을 통해 금융이 추구하는 목표와 효율적인 자원배분 기능이 이뤄지도록 역할을 한다.

금융시장(financial market)은 자금의 수요자와 공급자 사이에 금융거래가 조직적으로 이루어지는 장소를 말한다. 즉 가계와 투자자, 기업이 소득이나 이익 중 일부를 저축이나 투자를 하거나 기업 등이 필요한 자금을 조달하는 시장을 말한다. 금융시장의 기본 기능은 자금 공급자와 수요자를 효율적으로 중개해 주는 역할이다.

2. 경제주체에 대한 이해

경제는 크게 국민경제와 국제경제로 나눌 수 있다. 국민경제 주체에는 생산의 주체인 기업과 소비의 주체인 가계, 양 주체의 조정역할을 하는 정부가 있다. 가계는 기업에 노동, 토지, 자본 등의 생산요소를 제공하고 그 대가로 임금, 지대, 이자 등의 소득을 얻는다. 또한 가계는 소비활동 외에도 소득 중 일부를 저축하고, 국가에 세금을 납부한다. 기업은 가계로부터 노동, 토지, 자본 등의 생산요소를 제공받아 생산활동을 하고, 그 대가로 임금, 지대, 이자 등을 지불한다. 정부는 세금을 바탕으로 공공재와 사회간접

| 그림 2-1 | 국민경제와 국제경제 주체 간 상호작용

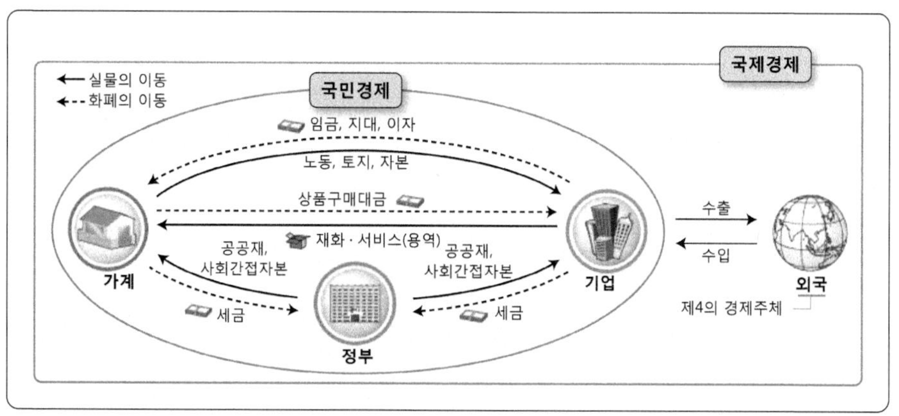

자본을 생산하여 공급하며, 이를 운영하는 과정에서 재화와 서비스 소비 및 조정을 통해 가계와 기업이 원활하게 경제활동을 할 수 있도록 돕고, 국민경제를 안정적으로 운영하는 것이다. 오늘날 글로벌시대를 맞아 기업의 활동영역은 더욱 넓어지고 있다. 국민경제에 국가들 사이에서 상품과 서비스를 수출하고 수입하는 무역 활동을 통해 외국은 제4의 경제주체 역할을 한다.

경제주체간 상호작용에 의해 정부가 어떠한 재정정책과 경제정책을 추진하느냐에 따라 기업과 가계에는 경제적인 변화를 초래한다. 가령 정부가 시중에 돈이 부족하면 한국은행을 통해 통화량 확대정책을 취한다. 이에 따라 시중의 통화량이 증가하고 가계의 소비가 늘어나면 기업의 생산과 투자는 증가하게 된다. 경제주체 간의 상호관계를 그림으로 나타내면 [그림 2-1]과 같다.

3. 금융시장과 실물경제 간의 순환관계

가계가 어떻게 소비하고 저축하느냐에 따라 금융시스템 내 자금시장과 금융기관의 자금변화 등에 영향을 미친다. 이는 다시 기업의 생산 및 투자

❙그림 2-2❙ 금융시장과 실물경제 간의 순환관계

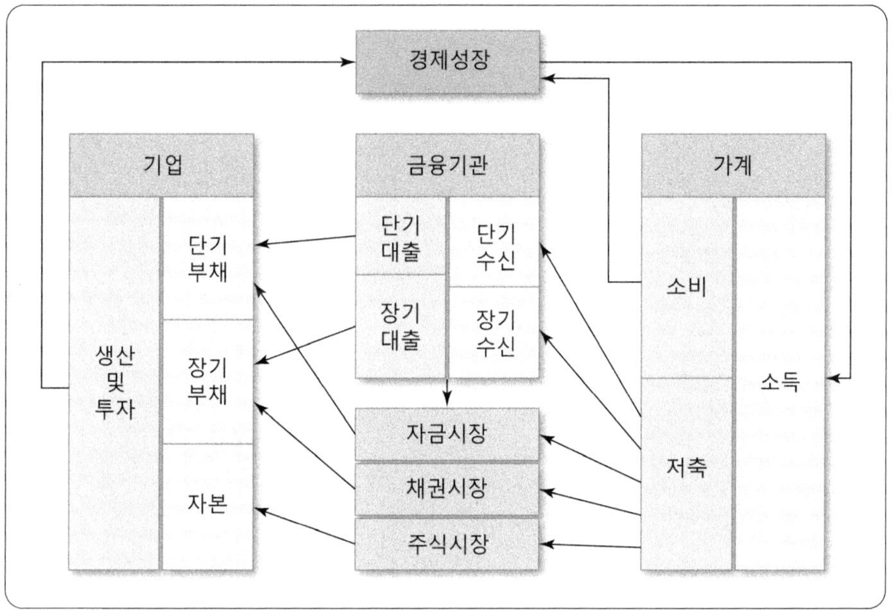

정책을 변화시키게 만든다. 정부는 가계와 기업의 경제활동 변화를 인지하고 가계와 기업이 원활하게 경제활동을 할 수 있도록 재정정책과 경제정책 등을 추진하게 된다. 특히 미국과 중국 등 경제 강국들의 경제정책 등에 대해서 관심을 갖고 국내 금융시장과 기업 등에 미치는 영향관계를 고려해 재무전략을 수립해 나가야 한다.

재무관리자는 [그림 2-2]에서 보는 바와 같이 가계와 기업, 정부의 투자와 저축, 수출 등에 따라 경제상황에 미치는 영향을 항상 체크해야 한다.

4. 금융시장의 종류와 역할

(1) 직접금융시장과 간접금융시장

금융시장은 직접금융시장과 간접금융시장으로 나눌 수 있다. 직접금융시장은 [그림 2-3]과 같이 자금의 공급자와 수요자를 직접 선택하는 시장이

▌그림 2-3▌ 직접금융시장의 구조

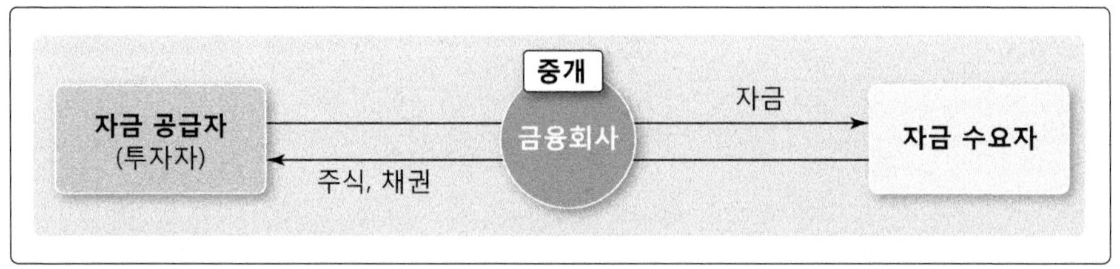

다. 최종수요자인 기업과 일반투자자 사이에 직접 증권을 대상으로 거래가 이루어짐으로써 자금이 투자자로부터 기업으로 이전되는 시장이다.

간접금융시장은 [그림 2-4]에서 보듯이 금융기관이 저축 또는 간접증권의 발행을 통하여 조달된 자금으로 기업이 발행하는 직접증권을 매입함으로써 자금이 투자자로부터 기업으로 이전되는 시장이다. 자금 공급자와 수요자 사이에 금융회사가 존재한다.

▌그림 2-4▌ 간접금융시장의 구조

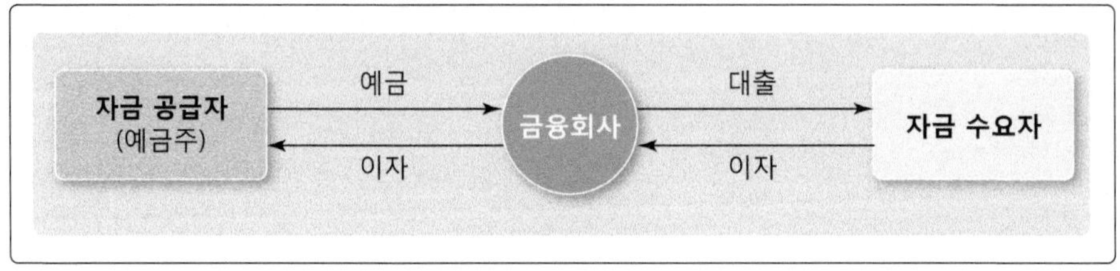

(2) 자금시장과 자본시장(장기금융시장)

직접금융시장은 거래되는 금융상품의 만기를 기준으로 다시 자금시장과 자본시장으로 구분한다. 자금시장은 단기금융시장이라고도 하며 시장참가자들이 일시적인 자금수급의 불균형을 조정하기 위해 활용한다. 단기금융시장의 종류에는 콜시장, 환매조건부매매시장, 양도성예금증서시장, 기업어음시장 등이 있다. 자본시장은 장기금융시장이라고도 하며 주로 금융기관, 기업,

정부 등이 장기자금을 조달하는 시장으로 주식시장과 국채, 회사채, 금융채 등이 거래되는 채권시장 등이 여기에 속한다.

(3) 외환시장과 파생금융상품시장

금융상품의 특성을 고려하여 외환시장과 파생금융상품시장으로 분류한다. 외환시장은 달러나 엔화 등 서로 다른 종류의 통화가 거래되는 시장이다. 이 시장은 거래 당사자에 따라 외국환은행간 외환매매가 이루어지는 은행간시장과 은행과 비은행 고객간 외환매매가 이루어지는 대고객시장으로 구분할 수 있다. 은행간시장은 금융기관과 외국환중개기관, 한국은행 등이 참여하여 외환거래가 이루어지는 도매시장의 성격을 가진다. 일반적으로 외환시장이라 할 때는 은행간시장을 의미한다.

파생금융상품시장은 금융상품의 가격변동 위험과 신용위험 등 위험 관리를 위해 고안된 선물과 옵션 등 파생금융상품이 거래되는 시장이다. 파생금융상품시장은 외환파생상품을 중심으로 발전되어 왔으나, 1990년대 중반 이후 주가지수 선물 및 옵션 채권선물 등이 도입되면서 거래수단이 다양화되고 거래규모도 크게 확대되고 있다.

(4) 발행시장과 유통시장

증권시장은 크게 발행시장(1차 시장)과 유통시장(2차 시장)으로 구성된다. 발행시장은 자금을 조달하고자 하는 기업 또는 정부기관 등이 발행하는 증권(주식, 채권 등)이 최초로 투자자에게 매도되는 시장을 말한다. 유통시장은 이미 발행된 증권이 투자자들 사이에서 매매되는 시장을 말한다. 발행시장으로부터 증권의 공급이 원활하게 이루어질 때 유통시장도 활성화된다. 즉, 발행시장과 유통시장은 상호 보완적인 관계에 있는 것이다.

(5) 거래소시장과 장외시장

증권유통시장은 거래규칙에 따라 거래소(장내)시장과 장외시장으로 구분된다. 한국거래소에 상장된 회사들의 유가증권이 유통되는 거래소시장에는 유가증권시장과 코스닥시장, 파생금융상품시장 등이 있으며, 장외시장은 비상장주식이 거래되는 시장으로 ECN(장외전자거래중개시장), K-OTC 시장 등이 있다.

5. 금융시장의 변화에 따른 재무관리자의 역할

재무관리자는 경제주체의 행동변화에 따른 경제변화 및 금융시장과 제도의 급격한 변화 등에 따른 금융리스크에 대비해야 한다. 그리고 기업이 지속적인 성장과 발전을 위해선 토지, 공장, 기계설비, 건물 등 각종 실물자산에 투자해 생산능력을 증대하거나 서비스 확대를 위한 장·단기계획을 수립해야 한다. 결국 재무관리자는 금융시장을 활용해 기업의 여유자금을 금융자산에 투자하거나 기업에게는 금융시장에서 저렴한 자금을 조달할 수 있는 기회를 잡아 투자수익을 창출해 기업의 가치를 극대화하는 투자 및 자본조달 전략을 수립해나가야 한다.

제2절 재무제표의 작성과 이해

1. 재무제표의 종류와 작성목적

(1) 재무제표의 종류

기업은 경영상황과 경영성과에 대한 재무보고(Financial Reporting)를 주기적으로 주주와 채권자, 종업원 등 여러 이해관계자에게 제공해야 한다. 이 일련의 보고서 묶음을 재무제표라고 한다.

재무제표의 종류에는 다음과 같은 보고서가 있다.

① 재무상태표(Statement of Financial Position): 작성기준일 현재 당해 기업의 자산과 부채 및 자본의 구성 및 재무상황이 어떠한지를 보고한다.

② 손익계산서(Statement of Income): 일정한 회계기간 동안 기업의 경영성과(수익, 비용)를 나타내는 보고서이다.

③ 자본변동표(Statement of Changes in Equity): 한 회계기간 동안 기업의 자본이 어떻게 변하였는지를 보여주는 보고서이다.

④ 현금흐름표(Statement of Cash Flows): 한 회계기간 동안 발생한 현금흐름의 유형에 따른 현금의 유입 및 유출의 현황을 보여주는 보고서이다.

⑤ 주석(Footnotes, Notes 또는 Disclosure): 위 네 보고서를 더 잘 이해하기 위한 재무제표 작성기준, 감가상각방법, 차입금의 세부내용 등을 설명한다.

우리나라에서는 2009년 국제회계기준을 도입하여 제정한 '한국채택국제회계기준(Korean IFRS, K-IFRS)'에 따라 재무제표를 작성한다. 상장기업과 금융회사는 2011년부터 의무 적용하고 있으며, 비상장기업은 '일반기업회계기준'과 '한국채택국제회계기준' 중 하나를 선택 적용하고 있다.

(2) 재무제표의 작성목적

재무제표는 작성목적에 따라 크게 두 가지로 나눌 수 있다. 재무제표에는 기업의 재무상태와 경영성과 등을 투자자나 채권자, 세무당국 등에게 보고하기 위한 외부보고용과 기업의 내부관리목적 등으로 작성하는 내부관리용이 있다. 기업이 작성한 재무제표를 통해 자본의 조달과 운용 및 자본의 변동과 현금유입과 유출, 기업경영의 중요한 변동 등을 확인할 수 있다. 또 재무제표상의 수치를 기초로 비율이 산출되고 계획, 실시, 평가의 과정을 거쳐 건전한 기업의 재무관리방향을 설정하고 위험에 대비하는 방안을 수립할 수 있다. 재무제표는 결산기 말에 작성되는 재무제표 이외에 월별, 분기별, 반기별 재무제표가 있다.

(3) 재무정보의 공시

금융감독원 전자공시시스템(Data Analysis, Retrieval and Transfer System, 약칭: DART, 다트)은 상장법인 등이 공시서류를 인터넷으로 제출하고, 이용자는 제출 즉시 인터넷을 통해 공시서류를 조회할 수 있도록 하는 기업공시 시스템이다. 이는 공시의무자가 모든 공시자료를 금융감독원 한곳으로 접수 창구를 일원화(One-Stop Filing)시켜 투자자의 접근이 용이하고 신속하게 정

┃그림 2-5┃ 금융감독원 전자공시시스템

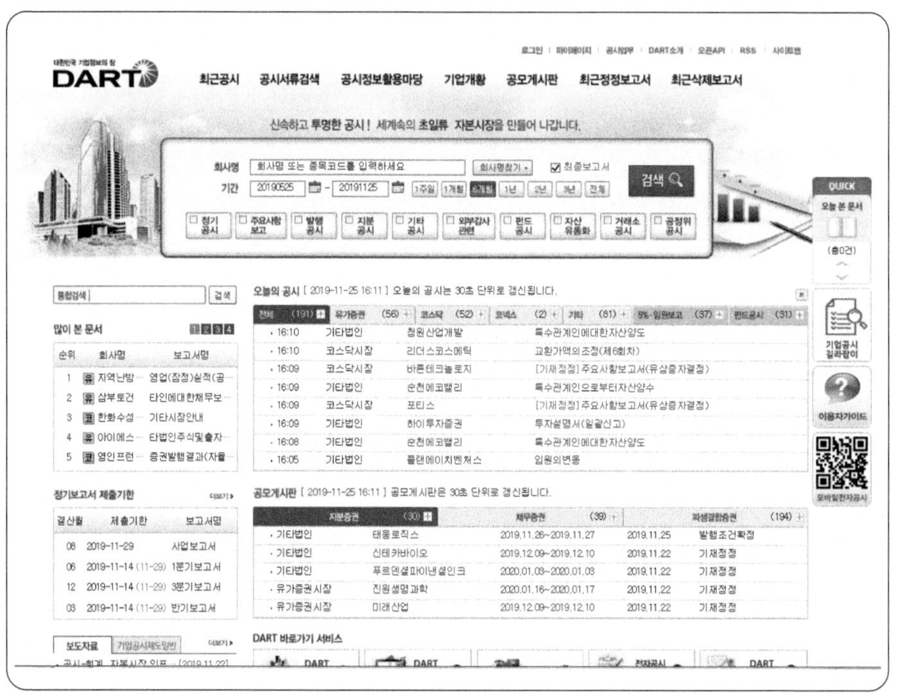

보가 제공됨으로써 기업경영에 대한 시장의 모니터링 기능이 강화되었다. [그림 2-5]는 금융감독원 전자공시시스템 화면이며, 누구나 재무상태표와 손익계산서 등 재무관련 자료를 전자공시시스템에서 확인할 수 있다.

2. 재무제표의 의의와 구성요소

(1) 재무상태표의 의의와 구성요소

재무상태표는 작성기준일 현재 해당 기업의 재무상태를 명확히 보고하기 위하여 모든 자산과 부채 및 자본의 구성상태를 총괄적으로 나타낸 계산서이다. 이를 간략하게 〈표 2-1〉과 같이 표시할 수 있다. 주로 전기(전년도)와 당기(당해도)의 비교형식으로 작성한다.

재무상태표 상 자산은 기업이 경제활동을 수행하기 위해 소유하고 있는 재산과 권리이다. 이는 재무상태표 차변의 구성항목이다. 구체적으로는 크게 유동자산과 비유동자산으로 구분된다. 유동자산에는 현금과 예금, 매출채권 등 당좌자산과 재고자산 등이 있다. 비유동자산은 투자자산, 유형자산, 무형자산, 기타비유동자산 등으로 나눌 수 있다.

부채는 기업이 경제활동을 수행하기 위해 필요한 자금을 다른 사람으로부터 차입하여 조달한 금전상의 채무이다. 구체적으로는 매입채무와 단기차입금 등의 유통부채와 장기차입금과 사채 등의 비유동부채로 나눌 수 있다. 자본은 자산으로부터 부채를 차감하고 남는 잔여지분으로 소유주가 청구할 수 있는 주주지분 또는 소유자지분이다. 자본은 자본금과 자본잉여금, 자본조정, 기타포괄손익누계액, 이익잉여금, 당기순이익 등으로 구성된다. 이들 항목은 자본조달의 결과 나타난 재무상태표 대변의 구성항목이다.

기업회계기준에 의하면 재무상태표의 구성은 자산, 부채 및 자본으로 구분하고, 자산과 부채의 세부항목은 유동성이 높은 순으로 배열하도록 하고 있다. 그리고 재무상태표의 표시방법은 자산을 좌측인 차변에, 부채와 자본

표 2-1 재무상태표

<u>재무상태표</u>

제×기 20××년 ×월 ×일 현재

기업명: (단위: 원)

자 산			부 채		
유동자산		×××	유동부채		×××
당좌자산		×××	단기차입금	×××	
현금및현금성자산	×××		매입채무	×××	
단기투자자산	×××		당기법인세부채	×××	
매출채권	×××		미지급비용	×××	
선급비용	×××		이연법인세부채	×××	
이연법인세자산	×××		기타	×××	
기타	×××		비유동부채		×××
재고자산		×××	사채	×××	
상품			신주인수권부사채	×××	
제품			전환사채	×××	
재공품			장기차입금	×××	
원재료			퇴직급여충당부채	×××	
기타			장기제품보증충당부채	×××	
비유동자산		×××	이연법인세부채	×××	
투자자산		×××	기타	×××	
투자부동산	×××				
장기투자증권	×××		부채총계		×××
지분법적용투자주식	×××		자 본		
장기대여금	×××		자본금		×××
기타	×××		보통주자본금	×××	
유형자산		×××	우선주자본금	×××	
토지	×××		자본잉여금		×××
설비자산	×××		주식발행초과금	×××	
(−)감가상각누계액	×××		기타자본잉여금	×××	
건설중인자산	×××		자본조정		×××
기타	×××		자기주식	×××	
무형자산		×××	기타자본조정	×××	
영업권	×××		기타포괄손익누계액		×××
산업재산권	×××		매도가능증권평가손익	×××	
개발비	×××		해외사업환산손익	×××	
기타	×××				
기타비유동자산		×××	현금흐름회피 파생상품평가손익	×××	
이연법인세자산	×××		이익잉여금(또는 결손금)		×××
기타	×××		법정적립금	×××	
			임의적립금	×××	
			미처분이익잉여금 (또는 미처리결손금)	×××	
			자본총계		×××
자산총계		×××	부채 및 자본총계		×××

을 우측인 대변에 기재한다. 재무상태표 작성양식에는 좌우 대조적으로 나타내는 계정식과 자산, 부채, 자본을 위로부터 아래로 기재하는 보고식이 있다. 일반적인 재무상태표의 양식은 계정식이다.

(2) 손익계산서의 의의와 구성요소

손익계산서는 일정기간 동안 기업의 경영성과를 나타내는 계산서다. 손익계산서는 기업의 경영성과를 명확히 보고하기 위하여 그 회계기간에 속하는 모든 수익과 이에 대응하는 모든 비용을 기재하여 얼마를 벌었는지를 밝혀준다.

손익계산서는 먼저 매출액에서 매출원가를 차감해 매출총이익을 산출한다. 그 다음 매출총이익에서 판매비와 관리비를 뺀 영업이익을, 그리고 영업이익에서 그 기간 동안 일시적, 이상적 상황에 의해 발생한 영업수익을 더하고 영업외비용을 제한 법인세차감전순이익이 계산된다. 마지막으로 법인세차감전순이익에서 법인세 등을 차감하면 당기순이익과 주낭순이익이

표 2-2 손익계산서

손익계산서

20 년 1월 1일~20 년 12월 31일

Ⅰ. 매출액

Ⅱ. 매출뭔가

1. 기초 제품재고액
2. 당기 제품제조원가
3. 기말 제품재고액

Ⅲ. 매출총이익

Ⅳ. 판매관리비 ① 퇴직급여 ② 접대비 ③ 감가상각비 ④ 대손상각비

Ⅴ. 영업이익

Ⅵ. 영업외수익

Ⅶ. 영업외비용 ① 기부금 ② 이자비용 ③ 기타의 대손상각비

Ⅷ. 당기순이익

산출된다. 손익계산서는 이익의 활동단계에 따라 단계적으로 산출된다. 손익계산서는 보고식으로 작성한다.

- 매출총이익 = 매출액 − 매출원가
- 영업이익 = 매출총이익 − 판매비와 관리비
- 법인세비용차감전순이익 = 영업이익 + 금융수익 + 기타수익 − 금융비용 − 기타비용
- 당기순이익 = 법인세비용차감전순이익 − 법인세 등

(3) 현금흐름표의 의의와 구성요소

현금흐름표는 일정기간 동안 기업의 현금이 어떻게 창출되었고 사용하였는지를 보여주는 표이다. 주식회사의 외부감사에 관한 법률(시행령 제7조의 2)에서 정한 회계처리기준인 한국채택국제회계기준(이하 'K-IFRS')에서는 재무제표 이용자의 경제적 의사결정에 유용한 현금흐름 정보의 제공을 위해 모든 기업이 현금흐름표를 작성 및 공시할 것을 요구하고 있다.

| 그림 2-6 | 현금의 유·출입과 현금흐름표의 관계도

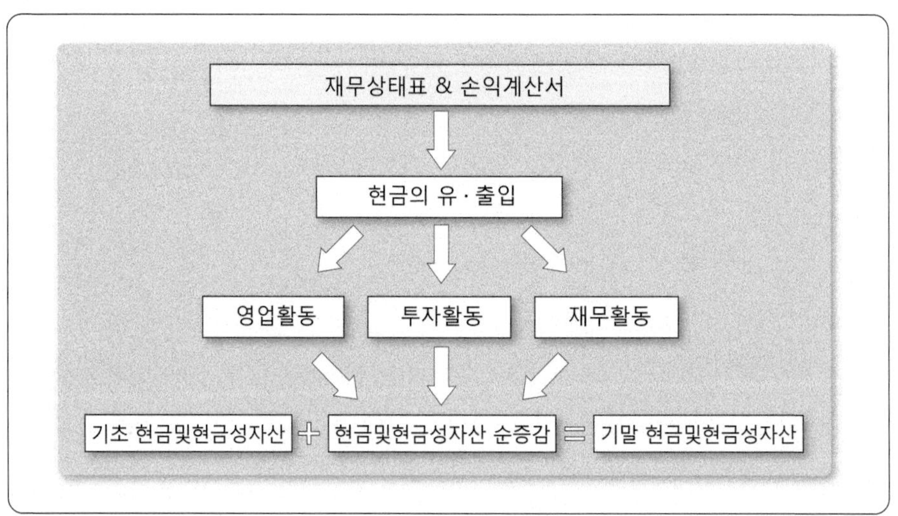

현금흐름표는 [그림 2-6]에서 알 수 있듯이 기업의 현금창출 능력에 관한 정보를 제공함으로써 재무제표의 이용자로 하여금 미래 현금흐름의 추정과, 기업의 부채 상환 및 배당금 지급 능력과 자금의 유동성을 평가하는 데 유용한 정보를 제공한다.

K-IFRS 제1007호에 의하면 회계기간 중 현금흐름은 영업활동, 투자활동, 재무활동으로 분류하여 보고하도록 하고 있다.

활용과 응용

본 장은 재무관리자의 목표를 효율적이고 효과적으로 달성하기 위해선 금융시스템속의 금융시장과 재무제표 등의 자료를 통해 재무정보를 추출해낼 수 있어야 한다.

- 금융시스템의 구성과 금융시징의 구조와 역할은 무엇인가?
- 재무관리자는 금융시장을 어떻게 활용하나?
- 금융시장의 변화에 대응한 재무관리자의 역할은 무엇인가?
- 재무제표의 종류와 작성방법을 설명할 수 있는가?
- 기업의 이해관계자로부터 건전한 기업으로 보이기 위해선 재무제표를 어떻게 작성해야 하나?

제 3 장

화폐의 시간적 가치

학습목표

본 장은 재무관리에서 가장 기초가 되는 화폐의 시간적 가치와 이자율, 할인개념 등에 대해 학습한다. 특히 연금을 받을 것인가 일시금으로 받을 것인가에 대해 투자결정시점을 상호 비교해 유리한 투자안을 선택할 수 있어야 한다.

- 화폐의 시간적 가치와 이자율의 개념
- 이자율 등을 활용한 현재가치와 미래가치의 계산
- 현재가치와 미래가치의 관계
- 연금의 현재가치와 미래가치 계산방법
- 영구연금과 고정성장형연금의 현재가치 계산

제1절 화폐의 시간적 가치와 이자율

1. 화폐의 시간적 가치

(1) 현재가치의 선호

오늘의 1원과 내일의 1원의 가치는 같을까? 대부분의 사람들이 오늘이라고 답할 것이다. 왜 그럴까? 그 이유는 크게 네 가지로 설명할 수 있다.

첫째, 시차선호이다. 일반적으로 동일한 양의 소비를 가정할 때 미래의 소비보다는 현재의 소비를 더 선호한다.

둘째, 현재의 투자기회를 선호한다. 현재 1원을 생산활동에 투자하여 미래에 추가적인 가치를 창출할 수 있지만, 미래의 1원은 그렇지 못하다.

셋째, 미래 물가상승으로 인한 화폐의 실질적인 구매력이 감소, 즉 인플레이션이 발생할 가능성이 있기 때문에 사람들은 현재의 소비를 더 선호하게 된다.

넷째, 미래 불확실성이 존재한다. 미래에는 현금을 못 받을 불확실성이 존재하기 때문에 현재의 현금을 더 선호한다.

대부분의 투자자들은 위의 여러 가지 이유로 현재의 현금흐름을 더 선호하게 된다. 이에 따라 미래 현금흐름을 선택하게 하려면 그만큼의 추가적인 유인이 필요하다.

(2) 화폐의 시간가치

사람들은 미래의 불확실성과 현재의 소비를 유보하고 이에 대한 보상으로 현재의 1원과 미래의 1원은 가치가 다르다고 판단한다. 이처럼 화폐는 시간이 경과함에 따라 그 가치가 상승해야 하고 상승하는 정도는 지금 당장 만원을 소비하지 않는 것에 대한 보상의 성격이다. 이 보상률이 화폐의 시간가치(time value of money)이다. 이러한 화폐의 시간가치를 우리는 보통 이

▌그림 3-1▐ 화폐의 시간적 가치계산

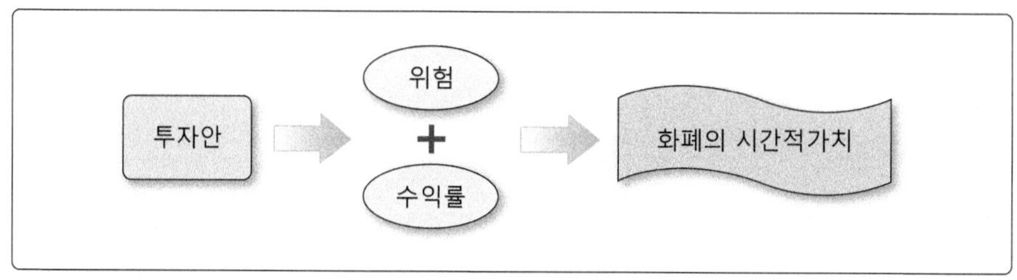

자라는 개념으로 설명한다. 현재의 원금에 대한 연 단위 복리 미래이자의 비율을 이자율 또는 수익률이라고 한다. 이러한 화폐의 시간가치가 만족스러울 때만 저축이나 투자를 할 것이다. [그림 3-1]에서 바와 같이 화폐의 시간적 가치는 투자안의 수익률을 이자율 등의 변동성을 반영한 위험의 할인값이다.

2. 이자의 계산

투자는 미래 더 큰 수익을 얻기 위한 현재 소비의 희생이다. 이 때 투자자는 희생의 댓가로 최소한 자본조달 등에 수반되는 이자율 이상의 보상을 요구한다. 이렇게 추가적으로 지불하는 금액(이자)을 현재의 현금흐름(원금)에 대한 일정한 비율로 나타낸 것이 바로 이자율(interest rates)이다.

미래가치와 현재가치를 설명하기에 앞서 이자계산방법에 대해 알아보자. 이자의 계산방법에는 크게 단리와 복리로 나뉜다. 단리는 원금에 대해서만 이자를 계산하는 것이고 복리는 원금뿐만 아니라 이자에 대한 이자도 계산하는 것이다. 예를 들어 현재 100원을 연리 10%의 정기예금에 2년간 예금하는 경우를 가정해보자. 단리의 경우 1년 후와 2년 후 시점에 각각 10[=100원(원금)×10%]원의 이자가 발생하여 2년간 총 20원의 이자가 발생하게 된다. 이와 비교하여 복리의 경우 1년 후 시점에는 단리의 경우와 같이 10[=100원(원금)×10%]원의 이자가 발생한다. 그런데 복리의 경우 이자에 대한 이자도

계산되기 때문에 2년차 이자금액은 11원[=100원(원금)×10%+10원(1년차 이자)×10%]이 발생하여 2년간 총 21원의 이자가 발생하게 된다.

따라서 이자율은 화폐의 시간가치를 나타내는 척도로 미래의 현금흐름을 현재의 가치로 환산해주는 환산율이며, 현재의 현금을 빌려주는 사람의 요구수익률이 된다.

제2절 미래가치와 현재가치의 계산

1. 미래가치의 계산

미래가치(FV: future value)란 현재의 현금흐름을 미래 일정 시점의 화폐가치로 환산한 것을 말한다. 예를 들어 현재 시점에 100원을 연리 10%의 정기예금에 2년간 예금한다고 할 때 2년 후 시점에는 원금 100원과 이자 21원 총 121원의 현금을 얻게 된다. 이를 식으로 표현하면 다음과 같다. 이를 일반화하면 〈식 3-1〉과 같이 나타낼 수 있다.

[미래가치 계산식]

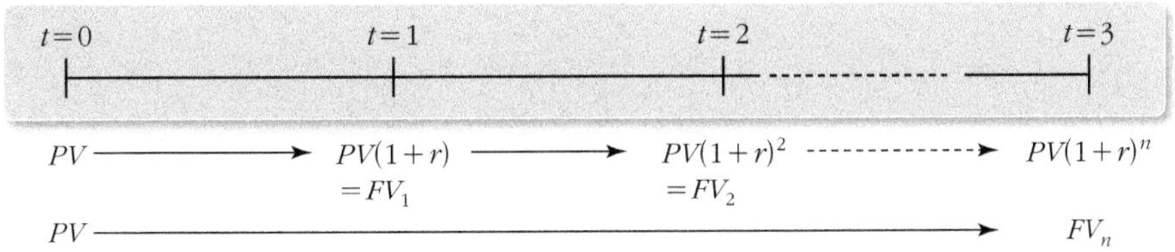

단, PV: 현재가치, FV: 미래가치, r: 이자율, t: 기간

$(1+r)^n$: 복리이자요소(CVIF: Compound Value Interest Factor)

$$FV_n = PV(1+r)^n = PV \times CVIF_{r,n} \quad (3\text{-}1)$$

2. 현재가치의 계산

현재가치(PV: present value)란 미래의 현금흐름을 현재시점의 화폐가치로 환산한 것을 말한다. 현재가치를 계산할 때 사용되는 이자율이 할인율이다. 예를 들어 연리 10%의 정기예금에 투자하여 2년 후 시점에 100원의 현금을 얻으려면 현재 얼마를 예금하여야 할까? 이는 앞서 설명한 미래가치 계산식을 활용해 〈식 3-2〉와 같이 나타내면 이해하기 쉽다.

[할인 예시 및 수식]

$$PV = \frac{FV_n}{(1+r)^n} = FV_n(1+r)^{-n} = FV_n \times PVIF_{r,n} \quad (3\text{-}2)$$

현가이자요소: PVIF(Present Value Interest Factor)= $(1+r)^{-n}$

3. 미래가치와 현재가치의 관계

현재가치와 미래가치 계산은 [그림 3-2]와 같이 미래 현금흐름의 예측이 가능할 때 투자결정자가 현재 시점을 기준으로 하느냐 미래 시점을 기준으로 투자가치를 계산하느냐의 차이다.

현재가치계산은 현재 시점을 기준으로 투자수익과 투자비용을 비교해 얼마의 이득이 창출되는가를 산출하고 자신의 기대수준과 비교해 만족할 만한 가치 이상의 투자안을 결정하기 위한 계산법이다. 반면 미래가치계산은 미래 특정시점을 기준으로 투자의 기대수익과 기대비용의 현금흐름을 비교해 수익성을 판단하기 위한 계산방식이다. 즉, 미래가치를 구하는 과정과 현재가치를 구하는 과정은 서로 상반되는 개념이라 할 수 있다. 미래가치계

❙ 그림 3-2 ❙ 현재가치와 미래가치의 비교

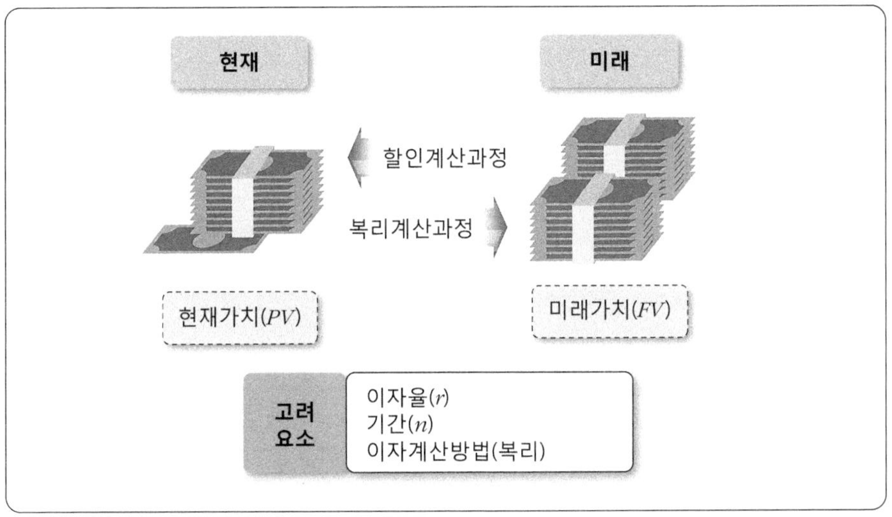

산에 사용되는 복리이자요소(CVIF)와 현가계산에 사용되는 현가이자요소(PVIF) 사이에는 〈식 3-3〉에서 보는 바와 같이 역수의 관계가 성립한다.

$$PVIF = \frac{1}{CVIF} \tag{3-3}$$

제3절 화폐의 시간적 가치의 응용

1. 연금의 계산

연금(annuity)이란 일정기간 동안 일정 금액의 현금흐름이 계속적으로 발생되는 일련의 현금흐름을 의미한다. 연금의 현재가치는 미래 매기간 발생하는 일정금액을 현재가치로 환산한 합계의 금액으로 계산할 수 있다. 예를 들어 매 기간 말에 C원이 n기간 동안 발생하는 연금의 현금흐름의 현재가치는 〈식 3-4〉의 계산식을 통해 구할 수 있다. 같은 조건 하에서 연금의 미래가치는 〈식 3-5〉에 의해 계산할 수 있다.

[현금흐름]

$t=0$　1　2　3 ………………………… n

　C　C　C ………………………… C

[계산식]

$$PV(\text{연금}) = \frac{C}{1+r} + \cdots + \frac{C}{(1+r)^n} = C\left[\frac{1}{r} - \frac{1}{r(1+r)^n}\right] = C \times PVIFA_{r,n} \tag{3-4}$$

$$FV(\text{연금}) = C(1+r)^{n-1} + \cdots + C = C\left[\frac{(1+r)^n}{r} - \frac{1}{r}\right] = C \times CVIFA_{r,n} \tag{3-5}$$

2. 영구연금과 고정성장형연금의 계산

미래 일정금액의 현금흐름이 지속적으로 창출되는 영구연금이나 영구채권의 경우 다 기간 연금의 계산방식과 같이 계산할 수가 있다.

(1) 영구연금의 현재가치

영구연금(perpetuity)은 기간이 정해져 있지 않고 무한히 일정금액을 지급하는 연금을 말한다. 매기간 말 유입되는 현금흐름이 C라 할 때 영구연금의 현재가치 계산은 〈식 3-6〉과 같다.

[현금흐름]

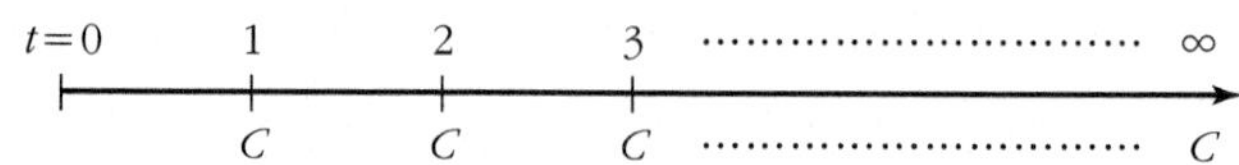

[계산식]

$$PV(\text{영구연금}) = \frac{C}{(1+r)} + \frac{C}{(1+r)^2} + \frac{C}{(1+r)^3} + \cdots = \frac{C}{r} \quad (3\text{-}6)$$

(2) 고정성장형 영구연금의 현재가치

고정성장형 영구연금은 매년 고정성장률만큼 증가하는 연금을 무한히 받는 경우이다. 1기간 말에 유입되는 현금흐름을 CF_1이라 하고 1기간 말 이후부터 매 기간 CF가 g%씩 성장하며 영구히 유입된다고 할 때, 고정성장형 영구연금의 현가는 다음 〈식 3-7〉에 의해 계산된다.

$$PV = \frac{CF_1}{r-g} \quad (\text{단, } r > g) \quad (3\text{-}7)$$

r: 시장이자율, g: 성장률

활용과 응용

본 장은 투자안의 가치평가를 위해선 투자시점의 투자안의 가치계산방법을 이해하고 투자안을 비교해 최선의 투자안을 도출해낼 수 있어야 할 것이다.

- 화폐의 시간적 가치 차이가 왜 생기는가?
- 두 투자안의 현재가치와 미래가치를 계산하고 투자안의 가치를 비교할 수 있는가?
- 현재가치와 미래가치의 관계를 설명할 수 있는가?
- 투자자들이 현재가치를 선호하는 이유를 설명할 수 있는가?
- 이자율의 개념과 투자평가를 위한 할인율은 어떻게 계산되는가?
- 일시금과 연금의 가치 차이를 계산해 의사결정에 활용할 수 있는가?

제 2 편

재무상황과 투자결정

중요한 자산항목 7가지

재무상태표

자산		부채	
유동자산			
현금			
단기금융상품			
매출채권			
재고자산			
비유동자산		**자본**	
종속기업, 관계기업, JV			
유형자산			
무형자산			
자산총계		**부채와 자본 총계**	

제 4 장

재무상황과 자본예산

학습목표

본 장은 재무관리자가 재무의사결정을 위해 미래의 재무상황을 미리 예측할 수 있어야 한다. 각 투자자의 입장에서 투자안의 자본예산 편성절차와 투자안의 종류별 특성과 현금의 흐름의 추정을 통해 최적예산안을 도출하는 방법을 학습한다.

- 재무상황과 재무의사결정의 고려요인
- 재무의사결정의 종류
- 경기변동과 인플레이션
- 자본예산의 종류와 자본예산 편성절차
- 투자안의 종류와 투자안의 상호관계
- 현금흐름의 개념과 현금흐름의 예측

제1절 재무상황과 의사결정

1. 재무의사결정의 주요 변수와 종류

(1) 재무의사결정의 주요 변수

경영은 끊임없는 의사결정의 연속이다. 과거에 비해 환경변화가 빨라져 불확실성의 정도가 심화되고 있다. 이러한 불확실한 환경에서 합리적 의사결정을 내리는 것은 경영활동에 있어서 매우 중요한 과제이다.

특히 경영의사결정은 경기변동과 밀접한 관계가 있다. 무엇보다 불확실성을 최소화하고 합리적 의사결정을 위해선 재무상황 등과 관련된 정보가 필요하다. 가령 앞으로 경기가 상승기인가 하강기인가에 따라 기업의 재무전략은 달라져야 한다. 미래의 경제상황을 알기 위해 전문가에게 물어보거나 관련 기관 담당자 대상 조사를 실시한 결과 등의 정보를 찾는다. 심지어는 점쟁이를 찾아 나서기도 한다. 재무의사결정은 돈과 직결되기 때문에 더욱 민감하다. 의사결정자들은 미래 상황의 예측을 위해 온갖 수단을 동원하여 미래의 정보를 알아내고자 한다. 이에 흔히들 정보=돈이라고 한다.

투자자의 고민을 간단하게 설명하면 두 가지이다. 하나는 투자를 하면 얼마나 벌 수 있느냐(수익)와 두번째는 그 금액을 버는 것이 확실하냐(위험)에 모아진다.

(2) 재무의사결정의 종류

재무의사결정에서 가장 중요한 요인이 위험이라고 할 수 있다. 재무의사결정은 미래에 나타나리라고 예상되는 상황(states of future)과 그 상황이 발생할 가능성의 정도에 따라 구분할 수 있다. 재무의사결정은 [그림 4-1]과 같이 미래 발생할 상황에 대한 정보보유 여부 등에 따라 확실성하의 재무의

| 그림 4-1 | 상황과 의사결정

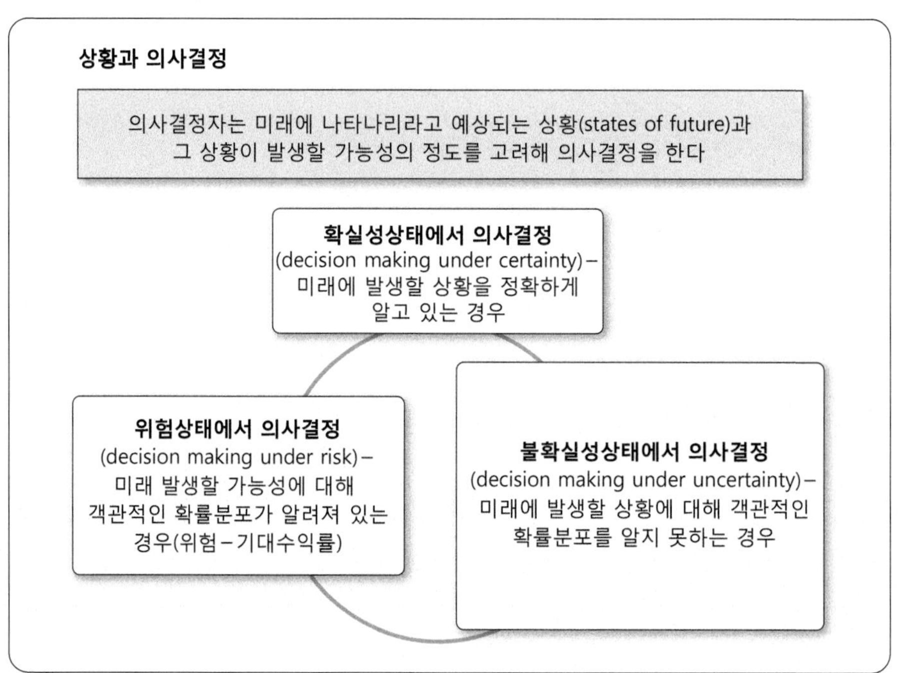

사결정과 위험하의 재무의사결정, 불확실성하의 재무의사결정으로 나눌 수 있다.

1) 확실성하의 재무의사결정

확실성하의 재무의사결정은 자본조달과 투자결정 등과 관련된 미래 발생할 결과와 그 결과에 따른 현금흐름 등의 모든 정보를 사전에 정확하게 알고 있는 상황이다. 다시 말하면 미래에 발생할 결과를 정확하게 아는 경우이다. 대표적인 예는 은행의 정기예금이나 국공채의 투자 등을 들 수 있다.

2) 위험하의 재무의사결정

미래에 발생할 결과와 이들 결과가 나타날 확률을 알고 있는 상황하에서 재무의사결정을 하는 경우이다. 주로 기대되는 수익률과 그 기대수익률이 나타날 확률을 이용해 위험을 추정하는 것이다. 일반적으로 과거의 데이터 등을 토대로 미래의 결과를 추정하는 경우가 이에 속한다.

3) 불확실성하의 재무의사결정

미래 발생할 결과를 확률로도 예측이 불가능하거나 확률조차 알 수 없는 상태에서 의사결정을 하는 경우이다. 이 경우 미래의 결과를 확률로도 알 수 없기 때문에 구간과 최대최소(Max, Min) 등의 방법으로 추정하는 것이 이에 속한다.

2. 인플레이션과 경기변동

재무의사결정은 장기적으로 집행되기 때문에 사전에 경기변동이나 인플레이션 등 미래의 경제상황 등을 고려한 후 결정해야 위험을 최대한 줄일 수 있을 것이다. 이를 위해선 인플레이션과 경기변동 등에 대한 이해가 필요하다.

(1) 인플레이션과 재무의사결정

1) 인플레이션의 개념과 원인

인플레이션(inflation)은 통화량의 증가로 화폐가치가 하락하고 상품의 물가가 지속적으로 꾸준히 오르는 경제현상을 말한다. 이와는 반대로 통화량이 상품거래량보다 상대적으로 적어서 물가가 떨어지고 경기활동이 침체되는 상황을 디플레이션(deflation)이라고 한다.

인플레이션의 원인은 크게 보면 상품에 대한 수요측 요인과 공급측 요인으로 구분할 수 있다. 이는 수요인플레이션(demand-pull inflation)과 비용인플레이션(cost-push inflation)으로 각각 양분해 볼 수 있다.

• 독일 바이마르공화국의 인플레이션 사례

① 총수요증가(초과수요): 인플레이션의 대표적 형태이다. 이는 총수요의 증가가 원인이 되어 물가상승이 지속되는 현상으로 수요초과인플레이션이라고도 한다. 시장 전체의 수요를 구성하는 가계의 소비·정부의 지출·기업의 투자가 증가할 경우, 경제 전체의 총수요가 총공급보다 많으면 물가는 상승하게 된다.

② 비용상승(총비용증가): 제품의 생산비용이 증가하면 제품가격의 상승을 초래해 물가상승을 가져오는 현상이 비용상승인플레이션이다. 비용상승의 원인으로는 임금의 인상, 수입원자재 가격의 상승, 고이윤 추구 등을 들 수 있다.

③ 화폐 공급의 증가: 시중의 통화량이 많아지면 화폐의 가치가 하락하고 상품과 서비스의 가격이 상승한다.

2) 인플레이션이 경제에 미치는 영향

인플레이션은 화폐가치와 물가 등의 변화를 초래해 소득과 경제성장, 국제수지 등에 영향을 미친다. 특히 소득분배와 경제성장, 국제수지 등에 다음과 같은 문제를 일으킨다.

① 부와 소득의 불평등한 분배

인플레이션이 일어나면 화폐의 가치는 하락하고, 상대적으로 실물의 가치는 상승한다. 이 때 화폐를 보유한 사람은 손해를 보고 부동산이나 보석 등 실물을 가진 사람은 이익을 보는 현상이 나타난다.

노동의 대가를 화폐로 받는 봉급생활자나 연금생활자, 금융자산 소유자는 화폐가치 하락으로 봉급과 연금 등 재산이 감소하는 효과를 겪게 된다. 인플레이션으로 인해 빈부 격차가 확대될 가능성도 높아진다.

② 경제성장의 저해

인플레이션이 발생하면 금융사산보다 실물자산을 갖는 것이 유리하기 때문에 저축은 감소하고, 토지 등에 대한 투기가 증가하여 건전한 성장을 저해하는 원인이 되기도 한다.

③ 국제수지 악화

국내에서 생산된 재화와 서비스의 가격이 전반적으로 상승해 국내에서 생산된 수출품들의 가격이 다른 나라의 경쟁제품에 비해 상대적으로 비싸진다. 그러다 보니 수출품에 대한 외국인들의 수요는 감소하고, 수입품에 대한 내국인들의 수요는 증가하여 경상수지가 악화된다. [그림 4-2]를 보면 실물가치의 상승과 화폐가치의 하락 등에 따른 인플레이션의 영향 효과를 알 수 있다.

Ⅰ그림 4-2Ⅰ 인플레이션의 영향 효과

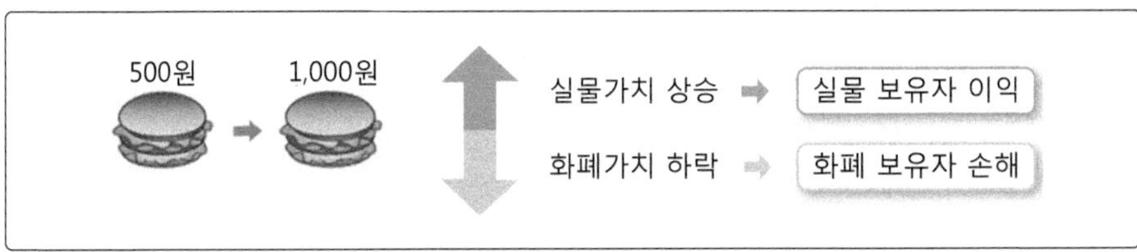

(2) 경기변동과 재무의사결정

1) 경기변동의 개념과 원인

경기란 경제의 총체적인 활동수준을 의미한다. 이는 생산, 소비, 투자, 물가, 고용 등 실물부문, 화폐의 수요와 공급 등 금융부문, 수출입 등 해외부문의 활동을 포함한 미시경제와 거시경제지표들의 종합적인 움직임이라고 할 수 있다.

개별경제지표 중 대표적인 것으로 GDP(Gross Domestic Product, 국내총생산)를 들 수 있다. 국민경제 전체의 경기동향을 파악하는 것으로는 종합경기지표(Composite Business Indicator)가 있다. 널리 이용되는 종합경기지표로는 경기종합지수(Composite Index: CI)와 경기확산지수(Diffusion Index: DI)가 있다.

2) 경기순환과 경기지표

경기가 장기적으로 상승과 하강을 반복하며 되풀이되는 과정을 '경기변동'이라고 한다. 경제주기는 경기가 저점에서 상승하여 고점을 찍은 후 다시 다음 번 저점에 이르는 기간이다. 경기확장은 경기가 저점에서 고점까지 상승하는 기간이며, 경기수축은 경기가 고점에서 저점으로 하락하는 기간이다.

경기 진폭은 경기의 고점과 저점의 높이로 경기가 어느 정도 크게 상승하거나 하락했는지를 보면 알 수 있다. 경기 진폭이 클수록 경제침체로 인한

| 그림 4-3 | 경기변동의 순환

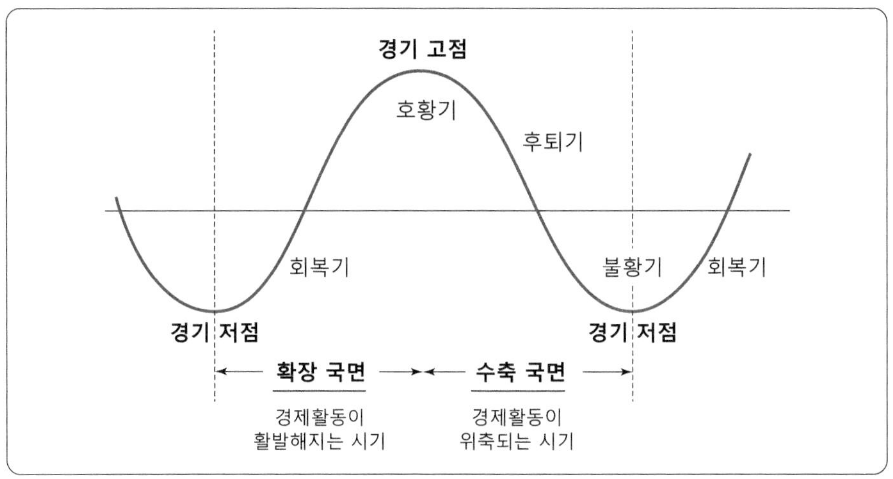

충격이 크고 회복 또한 빨랐다는 의미이며, 경기 진폭이 작을수록 경기침체도 크지 않았고 회복 또한 유연했다는 것이다.

경기순환은 [그림 4-3]과 같이 '회복기 → 호황기(확장기) → 후퇴기 → 불황기(침체기)'의 4단계의 과정을 순차적으로 진행된다. 경기는 경제상황에 따라 사이클의 크기가 달라진다.

경기지표는 경기의 상승 및 하강국년을 미리 예상하여 당면한 경기상황이 어떤 국면에 위치하고 있는가를 알 수 있는 길잡이 구실을 하는 지표이다. 이는 경기정책의 입안과 실시를 위한 판단자료가 된다.

3. 재무관리자의 대응방안

재무의사는 무엇보다 경기변동의 의미를 알고 미래 경기변동을 예측하여 결정되어야 한다. 재무관리자는 미래의 경기변동과 인플레이션 폭 등 미래의 상황을 예측하기 위해 다양한 전문가를 동원하거나 통계적인 기법 등을 통해 미래 경제상황 등에 대한 정보 확보에 나서야 한다. 경기변동 사이클에 따라 호황기에는 돈이 몰려들고, 불황기에는 투자를 기피하여 시중에 자금이 부족한 현상이 나타난다.

이 때 재무관리자는 우리나라가 겪어온 과거의 경제변화와 미래의 상황을 보고 급변하는 재무환경 속에서 신속한 의사결정을 해야 한다. 무엇보다 경쟁자보다 수익성을 창출할 수 있는 재무예측을 바탕으로 다양한 재무성과 제고방안을 수립하고, 수익과 그 수익을 달성하는 데 따르는 위험을 고려해 투자가치를 극대화하는 데 중점을 둬야 한다.

제2절 자본예산의 개념과 자본예산 편성절차

1. 자본예산의 개념과 종류

(1) 자본예산의 개념

기업이 미래에 더 큰 경제적 이익을 기대하면서 자금을 고정자산에 투하하는 장기투자의 총괄적 계획과정을 자본예산(capital budgeting)이라고 한다. 자본예산은 쉽게 말하면 미래 투자계획을 실현하기 위해 소요되는 현금흐름을 금액으로 산정한 것이다.

(2) 자본예산의 종류

자본예산은 [그림 4-4]와 같이 신규사업투자나 기존 설비를 새로운 설비로 교체하는 시설투자, 연구개발투자 등과 같이 그 지출규모가 크고 투자효과가 1년 이상 지속되는 장기투자를 말한다. 자본예산은 장기성 시설투자 등에 대한 계획 및 평가와 관련된 의사결정으로 투자자산의 현금흐름을 추정하고 투자안의 경제성분석을 통해 최적투자결정을 내리는 과정이라고 할 수 있다.

❙그림 4-4❙ 자본예산의 종류

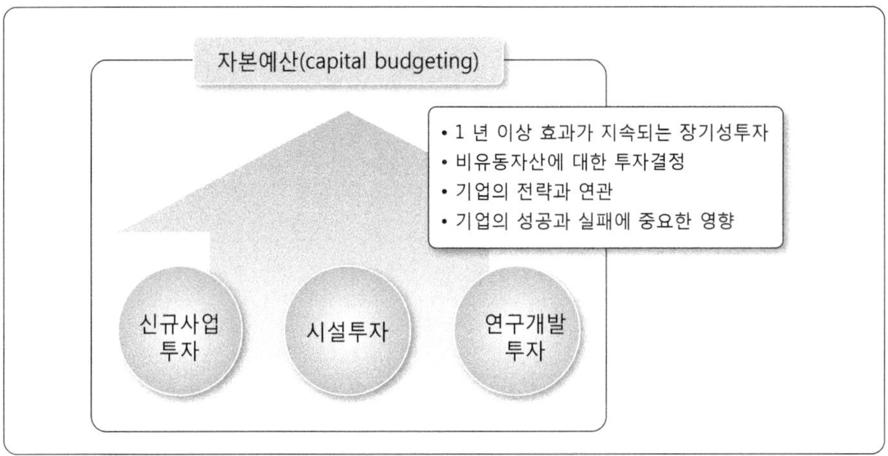

오늘날 급변하는 기업환경과 무한경쟁 속에서 투자결정은 기업의 생존과 성장을 좌우한다. 자본예산은 전형적인 전략의사결정으로 투자목표를 설정하고 적정한 투자규모를 결정하는 기업의 내부적 요인과 함께 경제전망과 경쟁환경, 소비자의 욕구 등 기업의 외부환경에 대한 분석과 같이 이뤄져야 한다.

2. 자본예산의 중요성

(1) 자본예산 작성의 중요성

자본예산은 [그림 4-5]와 같이 기업과 주주들에게 다음과 같은 이유로 매우 중요한 의사결정과정이다. 첫째, 투자기간이 장기에 걸쳐 이루어진다. 자본투자(capital investment)는 일단 실행되면 취소하거나 변경하기 어렵고, 수년에 걸쳐 기업의 수익성과 가치에 영향을 미칠 수 있다.

둘째, 전략적 특성을 지닌다. 자본예산은 종종 시설확장, 신제품 및 신기술개발 등과 같이 기업의 성장과 나아갈 방향을 결정하는 전략적 투자로 나타난다.

| 그림 4-5 | 자본예산의 중요성

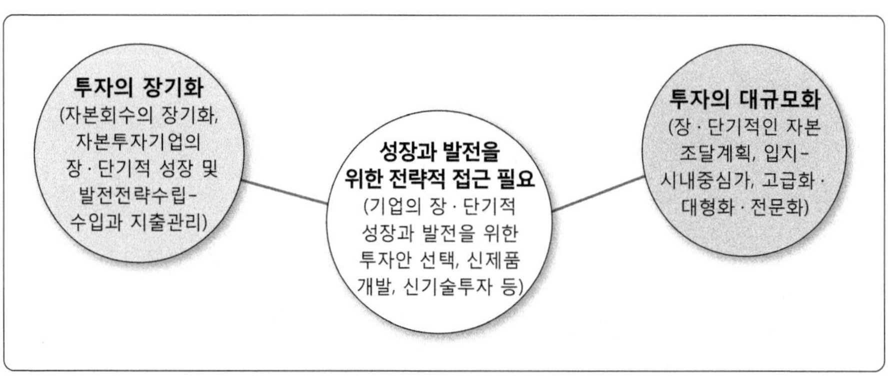

셋째, 투자자본의 규모가 크다. 대부분의 자본투자는 거액의 자금지출이 동반되고 장기의 관리기간이 요구된다. 그러므로 장·단기적인 관점에서 합리적인 자금조달계획이 수립되어야 한다.

이 밖에 노무비의 지속적인 상승과 과학기술의 발달은 새로운 시설의 도입 및 대체투자를 촉진한다. 이러한 이유로 자본예산은 기업가치에 영향을 미치는 주요한 의사결정이 된다.

(2) 경기변동과 인플레이션 영향 등의 반영

자본예산의 편성과 집행에 있어서 경기변동과 인플레이션의 영향 등에 따른 이자율 변동과 현금흐름의 변화에 대한 고려가 매우 중요하다.

인플레이션이 발생할 때 현금흐름은 명목현금흐름과 실질현금흐름으로 구분할 수 있다. 명목현금흐름(nominal cash flow)은 미래 어느 시점에 실제로 발생하는 화폐금액을 말한다. 실질현금흐름(real cash flow)은 투자시점에서 화폐가치로 평가된 현금흐름, 즉 투자시점의 불변가격으로 환산된 화폐금액이다. 이는 명목현금흐름에서 인플레이션효과를 제거한 현금흐름으로서 구매력으로 환산된 현금흐름이다.

인플레이션이나 경기변동의 영향 등을 고려한 투자안을 평가할 때 반드시 현금흐름과 할인율을 일관성 있게 반영하여야 한다.

3. 자본예산의 편성절차

일반적으로 기업의 자본예산 편성절차는 [그림 4-6]과 같은 단계를 거쳐서 이루어진다.

┃그림 4-6┃ 자본예산 편성절차

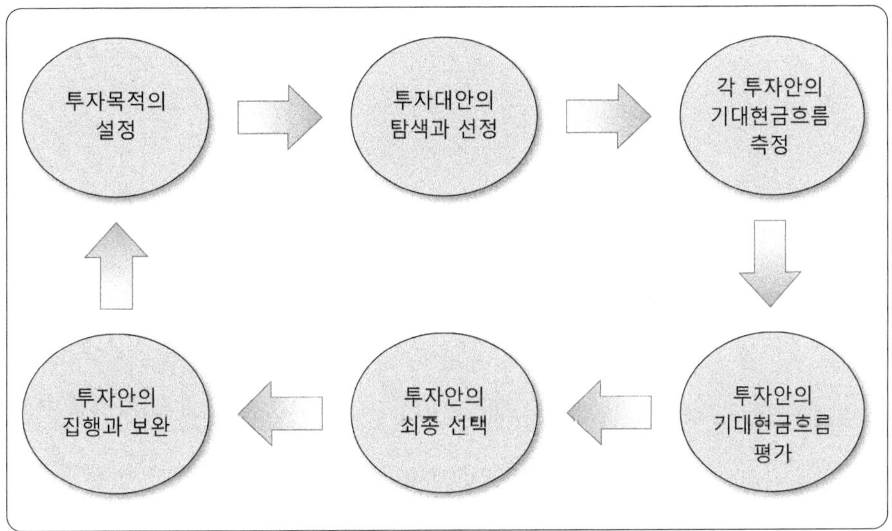

(1) 투자목적의 설정

자본예산 편성의 시작은 기업환경의 변화를 분석 또는 예측하여 기업가치를 증대시킬 수 있는 투자기회를 포착하는 것이다. 투자는 신제품개발, 시설교체나 확장, 연구개발, 전략적 광고, 생산량 증대 등 기업이 추구하는 전략적 목표와 기업이 처한 상황과 환경의 변화에 따라 변경될 수 있다.

(2) 투자대안의 탐색과 선정

투자목적이 설정되면, 이와 같은 목적을 달성시킬 수 있는 여러 대상 투자대안들(investment alternatives)을 대상으로 현금흐름의 수익성과 위험 등을 고려한 투자안을 탐색한다. 특히 투자안에 대한 시장성과 기술적 타당성, 경제성 등을 분석 평가한 후, 최종후보 투자안을 선정한다.

(3) 각 투자안의 기대현금흐름 측정

후보 대상 투자안이 선정되면, 각 투자안의 현금 예상유입액과 예상유출액을 측정함으로써 예상되는 미래 기대현금흐름을 추정하는 단계이다. 각 투자안별 기대현금흐름의 정확한 측정이 중요하다.

(4) 각 투자안의 기대현금흐름 평가

각 투자안의 기대현금흐름이 기업가치 증대에 얼마나 기여하는지를 경제성평가기법인 순현재가치(NPV)법이나 내부수익률(IRR)기법 등을 이용해 투자안의 경제적 가치를 평가한다.

(5) 투자안의 최종 선택

여러 후보 투자안의 기대현금흐름을 평가한 결과, 기업가치를 극대화시킬 수 있는 가장 적합한 최선안을 최종 선택한다. 이때 기업이 추구하는 전략목표와 기업의 상황 및 환경변화 등을 다각도로 고려해야 한다.

(6) 투자안의 집행과 보완(feedback)

최종 선택된 최적투자안을 집행해 기업의 목표를 달성하기 위해서는 경제상황과 기업환경, 목표, 자금조달능력, 경쟁회사의 전략 등 변화에 따른 목표의 수정과 보완을 지속적으로 추진해나가야 한다. 투자목표에 대한 실행결과의 평가를 통해 환류시스템을 구축해야 할 것이다.

제3절 투자안의 종류

1. 투자목적에 따른 분류

투자안은 어떠한 투자목적을 달성하기 위한 것인지, 아니면 다른 투자안과 어떤 상호의존관계가 있는지를 알아야 한다. 투자목적에 따른 분류로는 교체투자, 신규투자, 확장투자, 그리고 전략투자 등으로 나누어 볼 수 있다.

(1) 신규투자(new product investment)

신제품개발이나 품질개량, 성능향상 그리고 디자인변경 등 신제품개발을 위해 새롭게 투자하는 경우를 말한다.

(2) 교체투자(replacement investment)

기존 설비의 노후화나 진부화에 따라 새로운 설비로 교체하는 경우가 여기에 속한다. 이는 대체투자라고도 한다.

(3) 확장투자(expansion investment)

수요증가나 시장점유율 제고를 위한 공장의 증축, 기계설비의 추가구입 등 기존 설비를 추가로 확장하기 위한 투자이다.

(4) 전략 투자(strategic investment)

기업의 전략적 차원에서 이루어지는 투자로, 경제적 가치보다 지역사회개발 등 전략적 가치가 더 중요하게 고려된 투자이다. 여기에는 기업의 전략적인 목적이나 지역사회문제해결 등을 위한 연구개발 등의 투자가 포함된다.

2. 투자안의 상호의존관계에 의한 분류

각 투자안의 상호의존관계 존재 여부에 따라 독립적 투자, 종속적 투자, 보완적 투자, 대체적 투자, 상호배타적 투자 등으로 나눌 수 있다.

(1) 독립적 투자(independent investment)

두 투자안의 경제적 효과가 상호간 아무런 관련이 없으므로 다른 투자안의 채택 여부에 영향을 받지 않는 투자를 말한다.

(2) 종속적 투자(dependent investment)

한 투자안이 선택되면 다른 투자안이 반드시 종속관계로 채택되어야 하는 경우의 투자이다.

(3) 보완적 투자(complementary investment)

어떤 투자안이 채택되면 다른 투자안의 경제적 이익을 증대시킬 수 있는 보완적 관계에 있는 투자를 말한다. 이는 두 개의 투자안을 함께 채택할 경우 효과는 각각 단독으로 평가할 경우 나타나는 효과의 합보다 큰 효과를 나타낸다.

(4) 대체적 투자(substitute investment)

어떤 투자안을 채택함으로써 다른 투자안의 경제적 이익을 감소시키는 투자를 말한다. 대체적 관계에 있는 두 투자안을 함께 채택할 경우의 효과는 각각의 효과를 합한 것보다 적게 나타난다.

(5) 상호배타적 투자(mutually exclusive investment)

대체적 투자의 극단적인 형태이다. 이는 여러 개의 투자안 가운데 한 투자안을 선택하면 다른 투자안을 채택할 수 없는 관계에 있는 경우를 말한다. 상호배타적 투자의 경우에는 투자안에 우선순위를 부여해야 할 때 가장 유리한 투자안을 선택하게 된다.

제4절 현금흐름의 추정

1. 현금흐름의 개념

투자안의 경제적 가치를 평가하기 위해선 현금흐름의 정확한 측정이 선행돼야 한다. 현금흐름(CF: cash flows)은 투자안을 채택함으로써 특정시점에 발생하는 현금유입액(cash inflows)과 현금유출액(cash outflows)의 차이로 평가한다.

현금흐름 = 현금유입액 − 현금유출액

자본예산의 투자에서 실현되는 현금흐름은 장기적으로 서서히 진행되며 불확실성이 따르기 때문에 정확히 측정하기 어려운 경우가 많다. 그렇지만 자본예산 편성 및 미래투자 결정을 위해 현금흐름 측정은 중요하다. 재무관리자는 미래현금흐름을 정확히 예측하고 측정이 가능할 때 성공적인 의사결정이 가능하다.

2. 현금흐름의 측정

현금흐름은 투자목적과 종류 등 각 투자안의 내용과 상황에 따른 실질적 인식기준으로 현금유입과 현금유출로 나눠 측정해야 한다. 투자안의 경제적 가치평가에 사용되는 현금흐름은 회계적 이익(accounting income)이 아닌 투자와 관련된 증분현금흐름의 개념으로 추정한다. 따라서 재무관리자가 현금흐름을 추정할 때 반드시 지켜야 할 기본원칙은 다음과 같다.

(1) 현금흐름기준 추정

투자안의 현금흐름은 일반적으로 회계적 순이익이 아닌 현금흐름(cash flow) 기준으로 추정해야 한다. 회계상 이익은 수익에서 비용을 차감하기 때문에 현금흐름과는 차이가 있다. 가령 건물에 투자할 경우 회계상 장부계산에는 비용으로 인식돼 지출로 처리되지만 실제 현금흐름계산에는 기업 내부에 적립된다. 따라서 현금유출로 계산해서는 안된다. 투자로 인한 가치평가는 반드시 실질적 인식기준으로 현금흐름을 추정해야 한다.

(2) 증분현금흐름기준 추정

투자안의 현금흐름은 투자 후 현금흐름과 투자 전 현금흐름의 차액인 증분현금흐름기준(incremental cash flow basis)으로 추정해야 한다. 이는 현재 예정하고 있는 투자안에 의해 산출하는 미래현금유입과 현금유출만 고려해야 하기 때문이다.

증분현금흐름 추정시 새 투자안이 기존 비용증가를 일으키는 잠식비용이나 자산의 투자를 포기함으로써 얻을 수 없게 된 기회비용, 추가적인 운전자본 등은 추정된 금액만큼 현금유출로, 법인세절감효과나 투자세액공제 등은 산출된 금액만큼 현금유입으로 포함시켜야 한다. 반면 감가상각비는 회계상 비용으로 처리되지만 현금유출이 수반되지 않고 이자비용은 자본비용에 포함돼 있기 때문에 현금유출로 포함해선 안된다.

(3) 납세 후 기준에 의한 추정

법인세 효과를 고려한 납세 후 증분현금흐름기준으로 편익과 비용을 추정하여 측정해야 한다.

(4) 현금흐름추정 시 유의사항

증분현금흐름기준을 적용할 때는 다음과 같은 사항에 주의해야 한다.

① 신규투자로 인해 포기하는 기회비용 또는 기회현금흐름은 차감하되 이중계산의 오류에 주의해야 한다. 예를 들어 토지를 임대하고 있던 기업이 그 토지 위에 공장을 건설하여 사업을 하는 경우 토지의 임대수익은 기회비용으로 공장투자안의 현금흐름에서 차감되어야 한다. 또한 공장을 건설함으로 인해 토지를 매각할 수 있는 기회를 상실한 것이므로 토지의 매각대금을 기회비용으로 볼 수도 있다. 주의할 점은 토지의 임대수익과 토지의 매각대금을 둘 다 기회비용으루 차감할 수는 없다는 것이다.

② 신규투자로 인한 부수적인 효과를 고려해야 한다. 예를 들어 대체제품 개발에 따른 구제품의 현금흐름 감소나 보완제품 개발에 따른 구제품의 현금흐름 증가 등의 효과를 고려해야 한다.

③ 매몰비용은 현재의 의사결정과 관계가 없으므로 투자안의 현금흐름에 포함하지 않는다.

활용과 응용

본 장은 기업가치를 극대화하기 위해 경기변동이나 인플레이션 등 미래의 재무상황의 변화를 예측해 이들의 영향을 고려한 자본예산을 편성한다. 각 자본예산별 미래현금흐름을 정확하게 추정하고 성공적인 실행전략을 수립해 낼 수 있어야 할 것이다.

- 재무상황에 따른 재무의사결정의 종류를 구분할 수 있는가?
- 경기변동과 인플레이션 등을 고려한 최적재무의사결정과정을 수립할 수 있는가?
- 자본예산의 중요성과 자본예산의 편성절차를 수립할 수 있는가?
- 자본예산의 편성절차와 실행단계별 주의해야 할 점은 무엇인가?
- 각 투자안별 현금흐름의 예측방법을 적용할 수 있는가?

제 5 장

투자안의 경제적 가치평가

학습목표

본 장은 각 투자안의 현금흐름을 기초로 투자안의 경제성을 평가하는 방법을 학습하고 최적투자안을 선택하기 위해 경제적 가치평가방법의 의사결정기준과 장·단점을 알아본다.

- 현금흐름할인법과 전통적 투자안평가기법의 차이
- 투자안의 경제성 평가기법의 개념과 의사결정기준
- 순현가법과 내부수익률법의 비교

제1절 투자안의 경제성 평가기법

자본예산의 편성과정에서 가장 중요한 과제는 투자안의 경제적 가치를 평가해 최적의 투자안을 선택하는 것이다. 투자안의 경제적 가치를 평가하는 방법에는 [그림 5-1]과 같이 분류할 수 있다. 크게는 화폐의 시간가치를 고려한 현금흐름할인법(DCF: discounted cash flow method)과 화폐의 시간가치를 고려하지 않는 전통적 방법(traditional method)으로 구분할 수 있다. 그리고 현금흐름할인법에는 순현재가치법, 내부수익률법, 그리고 수익성지수법이 있다. 전통적 방법에는 회수기간법과 회계적이익률법이 있다.

투자안의 경제적 가치를 평가하는 기법의 의의와 의사결정기준, 각 기법의 장·단점을 살펴보면 다음과 같다.

❙그림 5-1❙ 투자안의 경제성 평가기법

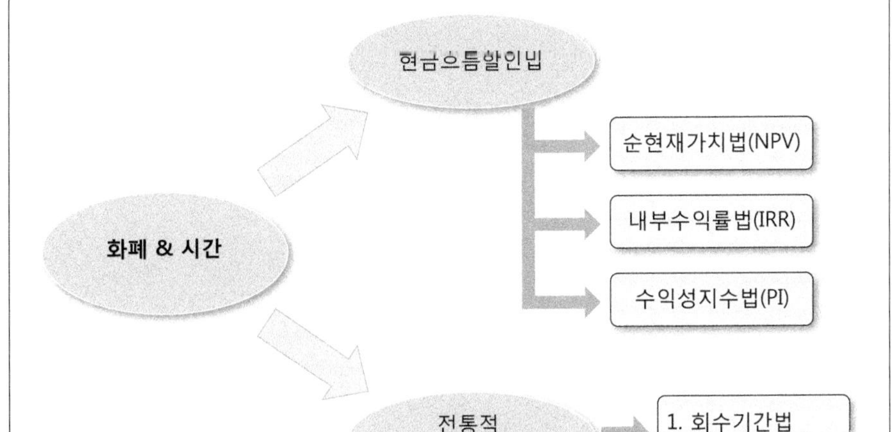

제2절 현금흐름할인법

1. 순현재가치법(NPV법)

(1) 의의와 계산방법

순현재가치법(Net Present Value Method: NPV법)은 투자로부터 발생되는 미래 현금흐름을 자본비용으로 할인한 현금유입의 현재가치에서 현금유출의 현재가치를 차감한 금액으로 평가하여 투자결정을 한다. 순현재가치법의 할인율로 사용하는 r는 자본비용 또는 요구수익률이다. 이는 투자안으로부터 최소한 벌여들여야 할 수익률이다.

미래의 상황이 가령 인플레이션이 생긴다면 인플레이션를 고려한 순현재가치를 산출할 수 있다. 인플레이션을 고려할 경우 실질현금흐름에 (1+인플레이션률)^{t}을 곱하여 현금흐름을 추정할 수 있다. 명목현금흐름을 추정한 경우 명목이자율을 할인율로 사용하고, 실질현금흐름을 추정한 경우에는 실질이자율을 할인율로 사용해 산출한다. 명목이자율은 실질이자율에 인플레이션율을 더하면 된다. 투자안의 순현재가치는 할인율에 따라 달라지므로 적정할인율의 결정은 순현재가치법의 적용에 있어 대단히 중요하다. 순현재가치는 〈식 5-1〉에 의해 계산된다.

$$NPV = \text{현금유입의 현가} - \text{현금유출의 현가}$$

$$NPV = \frac{C_1}{(1+r)} + \frac{C_2}{(1+r)^2} + \cdots + \frac{C_n}{(1+r)^n} - C_0$$

$$= \sum_{t=1}^{n} \frac{C_t}{(1+r)^t} - C_0 \qquad (5\text{-}1)$$

C_t: t시점의 현금흐름

C_0: 최초 투자액

r: 할인율(=자본비용 or 요구수익률)

(2) 의사결정기준

순현재가치는 투자로 인한 기업가치의 증가분을 의미한다. 순현재가치법의 의사결정기준은 순현가가 0보다 큰 투자안을 선택하는 것이다. 독립적 투자안의 경우 순현가가 양(+)의 값을 가지는 투자안은 채택하고, 음(−)의 투자안은 기각한다. 상호배타적인 투자의 경우, 순현재가치가 큰 투자안일수록 우선순위가 부여된다.

(3) 순현재가치법의 장·단점

순현재가치법의 장점은 첫째로 화폐의 시간적 가치를 고려한다는 것이다. 둘째, 개별투자안의 NPV계산을 통해 기업가치 증가에 기여하는 공헌도인 기업가치의 증분을 나타낼 수 있다. 셋째, 가치가산원칙이 적용되어 가치계산이 용이하다. 가치가산원칙이란 서로 다른 여러 개의 개별투자안을 결합한 결합투자의 가치는 개별투자안의 NPV를 단순히 합한 것과 같다는 원칙이다.

단점은 NPV를 측정하는 데 사용하는 자본비용의 정확한 추정이 어렵다는 점이다.

2. 내부수익률법(IRR법)

(1) 의의와 계산방법

내부수익률(Internal Rate of Return: IRR)은 투자로부터 발생되는 현금유입액의 현재가치와 현금유출액의 현재가치를 일치시켜주는 할인율이다. 즉, 투자안의 $NPV=0$인 경우 할인율이다.

계산식은 〈식 5-2〉와 같다.

$$NPV=\sum_{t=1}^{n}\frac{C_t}{(1+IRR)}-C_0=0 \qquad (5\text{-}2)$$

(2) 의사결정기준

내부수익률법은 내부수익률(IRR)과 자본비용을 비교해 IRR이 자본비용보다 큰 투자안을 채택하고, 내부수익률이 자본비용보다 낮은 투자안은 기각한다. 따라서 내부수익률법에 의해 투자안이 채택되기 위해선 자본비용보다 내부수익률이 커야 한다. 독립적인 투자안의 경우 IRR > 자본비용이면 채택되고, 상호배타적인 투자안의 경우에는 IRR > 자본비용이면서 IRR이 가장 큰 투자안을 채택한다. 다수의 투자안에 순위를 부여해야 하는 경우에는 내부수익률이 클수록 우선순위를 차지하게 된다.

(3) 내부수익률법의 장·단점

내부수익률법은 화폐의 시간적 가치가 반영된 투자평가기법이기 때문에 투자안의 손익분기점과 경제성분석에 유용하다. 그러나 IRR법은 복수해가 존재하거나 아예 존재하지 않는 경우도 있고 계산과정이 번거로운 단점이 있다. 그리고 IRR법은 투자기간내 투자수익이 해당 투자안의 특정 IRR로 재투자됨을 가정하지만 논리성이 결여되고 비현실적인 경우도 있다. 여기에다 가치가산원칙의 적용이 불가하다는 약점을 갖고 있다.

3. 수익성지수법(PI법)

(1) 의의와 계산방법

수익성지수법(Profitability Index Method: PI법)은 투자안으로부터 발생되는 미래현금흐름의 현재가치를 투자액의 현재가치로 나눈 수익성지수를 산출해 비교하는 평가법이다. 이는 기업의 자금조달에 제한이 있을 경우 자금의 투자효율을 비교하는 방법이라고 할 수 있다. 그러므로 투자규모가 다른 복수투자안의 우선순위를 결정하는 경우 절대액을 기준으로 하는 순현재가치법을 보완하는 방법으로 활용된다. PI지수는 〈식 5-3〉에 의해 계산될 수 있다. PI법은 NPV를 상대적 비율로 나타낸 것으로 투자규모가 동일하다면 NPV법의 의사결정과 동일한 결과를 얻는다.

$$수익성지수(PI) = \frac{PV(현금유입)}{PV(현금유출)} = \frac{NPV}{PV(현금유출)} + 1 \qquad (5\text{-}3)$$

(2) 의사결정기준

투자안의 〈표 5-1〉과 같이 수익성지수가 1보다 큰 투자안을 채택하고, 1보다 작으면 기각한다. 투자규모가 상이한 복수의 투자안에 순위를 부여할 경우에는 수익성지수가 큰 투자안부터 우선순위가 부여된다.

표 5-1 수익성지수법의 의사결정기준

PI	$NPV = PV$(현금유입) − PV(현금유출)	의사결정
PI > 1	$NPV > 0$	채택
PI < 1	$NPV < 0$	기각

이 때 부분투자가 불가능한 경우에는 투자금액을 가중치로 PI를 가중평균한 가중평균수익성지수(WAPI)를 이용하여 가능한 투자조합 중 가장 수익성이 높은 투자조합을 선택해야 한다. WAPI법은 투자에 사용하고 남은 여유자금을 k로 재투자한다고 가정하므로 WAPI법에 의한 결과는 NPV법의 결과와 동일하다. 하지만 투자규모가 다르고 투자안에 대한 중복투자가 가능하다면 수익성지수법의 평가결과에 따라 의사결정을 해야 한다.

(3) 수익성지수법의 장·단점

PI로 평가하면 상대적인 투자규모를 감안하여 개별투자안의 단위당 투자수익성을 비교할 수 있는 장점이 있다. 단점으로는 가치가산의 원칙을 적용할 수 없다는 점이다. 또 상호배타적인 투자안에서는 NPV법과 PI법의 평가가 서로 상충하는 경우, 남은 유휴자금의 기회비용까지 고려한 가중평균 수익성지수를 산출해 비교해야 한다.

4. 순현재가치법과 내부수익률법의 비교

(1) 순현재가치법과 내부수익률법의 차이

순현재가치법(NPV법)과 내부수익률법(IRR법)은 모두 화폐의 시간적 가치를 고려한 투자안의 경제성 평가방법이다. 독립투자안의 채택 여부를 결정할 경우에는 순현재가치법에 의한 평가결과와 내부수익률법에 의한 평가결과가 동일하다. 그러나 상호배타적인 투자안을 평가할 경우에는 순현재가치법과 내부수익률법의 결과가 서로 상충되는 경우가 있다. 이 때문에 순현재가치법과 내부수익률법 중 어느 것이 보다 나은 평가기법인가 하는 문제가 제기된다.

(2) 순현재가치법의 비교우위

순현재가치법과 내부수익률법에 의한 평가결과가 서로 상충될 때 다음과 같은 이유로 순현재가치법이 우수한 기법으로 평가되고 있다

첫째, 투자안 현금흐름의 재투자수익률에 대한 가정에서 순현재가치법이 내부수익률법보다 합리적이다. 즉, 투자규모나 투자수명이 상이한 투자의 경우 자본비용으로 재투자한다는 가정이 투자기간 중에 동일한 IRR로 재투자한다는 내부수익률법 가정보다 더 현실적이라는 것이다. 둘째, 내부수익률법은 내부수익률의 계산과정에서 복수해가 존재하거나 해가 없는 경우도 있다. 이러한 상황에서는 내부수익률법의 사용이 부적절하다. 셋째, NPV법은 기업가치의 극대화라는 투자결정의 목표에 맞춰 각 투자안의 NPV를 합산하여 기업가치의 증가분을 계산할 수 있다. 즉, 가치가산의 원칙이 적용

될 수 있지만 IRR법은 이같은 계산을 할 수가 없다. 넷째, 기간별 이자율이 서로 다른 경우, IRR법은 비교해야 할 이자율을 선택하기 어렵다.

제3절 전통적 자본예산 평가기법

전통적 방법(traditional method)에는 화폐의 시간가치를 고려하지 않는 회수기간법과 회계적이익률법이 있다. 이 두 기법은 쉽게 구할 수 있는 자료를 활용한 사전적 분석에 유용하다.

1. 회수기간법

(1) 의의와 계산방법

회수기간법(payback period method)은 투자에 소요된 최초투자액을 전부 회수하는 데 걸리는 기간을 계산해 비교한다. 회수기간법은 투자안의 회수기간을 구하여 목표회수기간과 비교하여 투자안을 평가하는 기법이다. 자본회수기간은 〈식 5-4〉에 의해 계산될 수 있다.

$$\text{자본회수기간} = \text{연간투자액} \div \text{순현금유입액} \qquad (5\text{-}4)$$

(2) 의사결정기준

독립적인 투자안의 경우 회수기간이 목표회수기간보다 짧은 투자안은 수락하고 그렇지 않는 경우에는 기각하는 방법이다. 상호배타적인 투자안의 경우에는 목표회수기간보다 짧은 투자안 가운데 회수기간이 가장 짧은 투자안을 선택한다. 왜냐하면 회수기간이 짧을수록 위험이 적고 유동성이 높은 투자안으로 간주할 수 있기 때문이다.

(3) 장점과 단점

회수기간법의 장점은 첫째, 계산이 간단하고 예비분석 차원에서 기초적 정보를 제공하는 데 유용한 수단이다. 둘째, 회수기간이 짧을수록 빠른 자금회수로 기업의 유동성 상태를 나타내는 지표로 활용할 수 있다. 단점은 첫째, 화폐의 시간가치를 고려하지 않는다는 점이다. 이 단점을 보완하기 위한 할인회수기간법도 있다. 둘째는 회수기간 이후의 현금흐름을 무시하고 있다. 특정 투자안의 수익성은 투자기간 전체를 통해 평가되어야 하나 회수기간법은 회수기간 내 현금흐름만 고려하고 있다. 셋째, 목표회수기간의 합리적 설정이 어렵다.

2. 회계적이익률법

(1) 의의와 계산방법

회계적이익률법(Accounting Rate of Return Method: ARR법)은 연평균투자액에 대한 연평균 회계적 순이익의 비율인 회계적이익률에 의해 투자결정을 하는 방법이다. 회계적이익률은 투자안의 이익률을 기준으로 투자수명 동안 평균이익을 평균투자액으로 나누어 산출한다. 회계적이익률(ARR)은 재무제표와 회계자료를 이용한다. 이 때 특정 연도의 평균투자액은 연초의 장부가치와 연말의 장부가치의 평균으로 나타내고 평균이익은 당해 연도의 세후순이익으로 나타낸다. 계산식은 〈식 5-5〉와 같다.

$$\text{회계적 이익률} = \frac{\text{연평균순이익}}{\text{평균투자액}} \qquad (5\text{-}5)$$

$$\text{연평균순이익} = \frac{\text{내용연수 동안의 순이익의 합계}}{\text{내용연수}}$$

$$\text{평균투자액} = \frac{\text{최초 투자시점부터 각 시점 장부가액의 합계}}{\text{내용연수}+1}$$

(2) 투자의사결정기준

회계적이익률법은 계산된 투자안의 이익률이 목표이익률보다 큰 경우에는 수락하고 낮은 경우에는 기각하게 된다. 여러 투자안이 있을 경우 가장 높은 투자안 순으로 우선순위가 부여된다.

(3) 장점과 단점

회계적이익률법의 장점으로는, 첫째, 이해하기 쉽고 회계적이익 등 계산에 필요한 자료를 쉽게 구할 수 있다. 둘째, 회계적이익률이 회계자료를 이용한 투자수익률 등 투자안의 수익성평가와 경영자의 성과평가를 일관성 있게 할 수 있다. 이 장점 때문에 실무계에서 많이 쓰이고 있는 반면, 다음과 같은 단점을 지니고 있다.

첫째, 화폐의 시간가치를 고려하지 못하고 투자수명이 길수록 이익률이 과대계상될 우려가 있다. 둘째, 순이익은 감가상각법과 같은 회계처리방법의 변경에 따라 현금흐름이 달라지기 때문에 상호비교가 객관적이지 못하다. 셋째, 현금흐름이 일정하지 못할 경우 잘못된 의사결정을 내리게 할 가능성이 높고 목표 평균회계이익률 선정이 자의적일 수 있다.

3. 전통적 방법의 유용성

전통적 자본예산 평가기법은 현금흐름할인법에 비하여 많은 단점을 가지고 있다. 그러나 실제 회수기간법과 회계적이익률법이 투자안의 평가에 지속적으로 사용되는 데는 다음과 같은 이유를 들 수 있다.

첫째, 회수기간법은 여러 가지 기법 중 가장 이해하기 쉽다는 장점이 있다. 만일 현금흐름할인법과 회수기간법을 함께 사용한다면 보다 복잡한 평가기법에 대한 지식이 없는 사람에게는 회수기간법의 이용이 쉬울 수 있다. 이는 투자안의 경제성에 대한 정보를 제공하고, 사전적인 판단으로 보다 유용한 분석내용을 제공한다는 이점이 있다.

둘째, 많은 기업들은 회수기간법을 투자안의 위험여과(risk screening)수단으로 사용한다. 기업은 투자안의 회수기간 이전에 정해둔 목표회수기간을 초과하는 투자안들을 우선적으로 평가대상에서 제외시킴으로써 예비평가 단계에서 위험판단 수단으로 활용할 수 있다.

셋째, 경영자들에 대한 보상(compensation)은 종종 회계적이익에 근거한다. 따라서 경영자들에게는 회계적이익률법이 투자안 평가의 중요한 기법의 하나가 될 수도 있다.

활용과 응용

본 장을 학습한 후 자본예산의 현금흐름을 예측하고 각 투자안의 경제성을 평가해 최적 투자안을 선정하고 기업의 가치를 극대화하는 방안을 수립하는 전략이 필요하다.

- 현금흐름할인법과 전통적 방법의 차이는 무엇인가?
- 각 경제성평가기법의 의사결정기준과 문제점을 설명할 수 있는가?
- NPV법과 IRR법을 비교해 NPV법이 우위인 이유를 설명할 수 있는가?
- 최적투자안을 선택하기 위해서 투자안평가기법을 어떻게 활용해야 하는가?

제 6 장

포트폴리오이론

학습목표

본 장은 미래의 재무상황과 재무의사결정에 따른 각 투자안의 현금흐름을 기초로 위험과 기대수익률을 계산하는 방법을 배운다. 위험과 기대수익률의 관계를 통해 포트폴리오 구성 자산의 결합에 따른 위험의 변화를 확인한다.

- 위험의 종류와 측정방법
- 투자자의 위험에 대한 태도
- 기대수익률의 개념과 측정방법
- 포트폴리오의 개념과 분산투자효과
- 개별자산의 위험과 포트폴리오 위험의 비교

제1절 개별자산의 위험과 수익률 측정

1. 위험의 개념과 종류

(1) 위험의 정의

재무관리에서 위험(risk)이란 미래수익이나 현금흐름이 예상과 달리 변동할 가능성을 의미한다. 위험은 통계학적 확률분포가 정규분포를 이룰 경우 투자로부터 기대되는 수익률의 분포가 평균을 중심으로 흩어진 정도를 나타내는 분산정도(variability)로 측정할 수 있다. [그림 6-1]의 정규분포의 그래프를 보면 검은 색 부분이 바로 투자자 입장에서는 기대했던 기대값이 나오지 않을 확률(probability)이다.

사업이나 투자는 위험을 수반하지만, 위험이 클수록 더 큰 이익을 창출할 수 있다. 자산에는 위험의 유무에 따라 위험자산과 무위험자산으로 구분할 수 있다. 무위험자산(risk-free asset)이란 현재시점에 미래현금흐름을 정확히 알 수 있는 자산을 말하며, 그렇지 못한 자산을 위험자산(risk asset)이라 한다.

❙그림 6-1❙ 위험과 확률분포

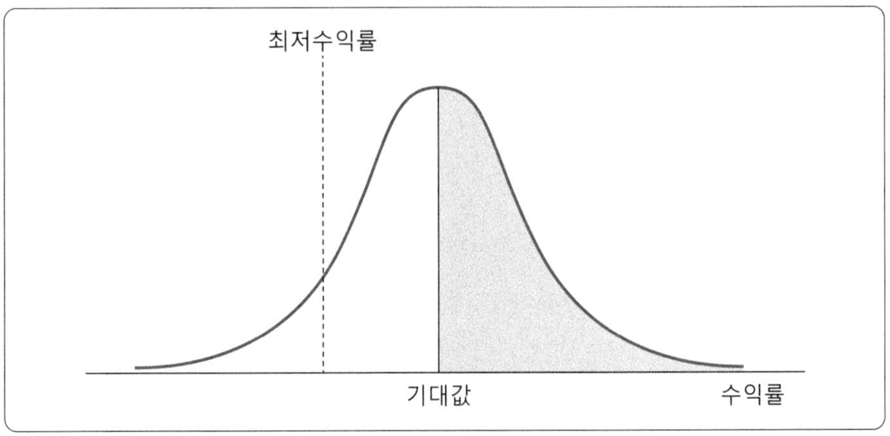

(2) 위험의 종류

재무관리자는 재무목표를 달성하기 위한 재무적 의사결정을 해야 할 경우 다양한 위험을 직면한다. 이 때 같은 기대수익률이라면 위험을 줄이는 것이 최선의 대응방안이다. 따라서 재무관리자는 재무 관련 위험의 크기와 위험을 회피하는 방법을 미리 알아야 대처할 수 있을 것이다. 재무 관련 위험은 원천에 따라 여러 가지 종류로 나누어진다. 간단히 살펴보면 다음과 같다.

① 이자율위험(interest risk): 이자율위험은 시중의 이자율 변동에 따라 발생되는 자산가치의 변동성을 의미한다. 재무관리자는 이자율의 변동을 예측해 자금조달과 투자결정을 해야 할 것이다. 가령 이자율이 상승하면 채권의 가격은 떨어진다.

② 구매력위험(purchasing power risk): 구매력위험은 인플레이션의 영향으로 최초 투자액의 실질가치가 하락할 가능성을 의미한다. 실제로 인플레이션이 진행되면 물가가 상승해 구매력이 떨어진다.

③ 시장위험(market risk): 시장위험은 전체시장의 상황변화에 따라 생기는 개별주가의 변동가능성이다. 세계 및 국내경기의 하강이 예상될 경우 모든 주식의 주가는 하락된다. 이와 같이 전체시장에 영향을 미치는 위험을 말한다.

④ 영업위험(business risk): 기업의 영업활동과 연관되어 발생하는 위험이다. 영업위험은 미래 매출액의 불확실성과 영업레버리지로 인한 영업이익의 불확실성을 의미한다.

⑤ 재무위험(financial risk): 재무위험은 기업의 자본구조상 고정재무비용의 존재로 수반되는 위험이다. 이 위험은 타인자본의 조달로 부채비율의 증가에 따른 기업의 파산가능성 및 주주이익의 변동가능성을 의미한다.

(3) 위험에 대한 태도

투자결정에 있어서 중요한 결정요인은 위험과 수익률이다. 일반적으로 투자에 따른 위험이 커지면 그에 상응한 기대수익률이 높아져야 한다. 이는 위험에 대한 행동은 보상이 되지 않으면 투자자는 행동을 하지 않는다는 것이다.

투자자는 의사결정시 위험에 대한 태도에 따라 행동이 달라진다. 투자자의 위험에 대한 태도는 [그림 6-2]와 같이 위험회피형(risk-averter)과 위험중립형(risk-neutral), 위험선호형(risk-lover)으로 나눌 수 있다. 위험회피자는 위험을 의사결정의 중요한 기준으로 투자위험에 대한 보상이 보장되어야만 투자를 하는 유형의 투자자이다. 이는 동일한 기대수익률이라면 위험이 작은 자산을 선호하며, 동일한 위험이라면 기대수익률이 큰 자산을 선호하는 형이다. 위험중립자는 위험부담에 대해 보상을 요구하지 않으며, 위험의 크기와는 관계없이 기대수익률에만 의거해서 의사결정을 내리는 투자자를 말한다. 위험선호자는 투자손실에 따른 위험이 크더라도 보상의 기회가 존재한다면 그 수익률이 적게 상승하더라도 기꺼이 위험을 감수하려는 유형의 투자자이다.

재무관리에서는 위험회피형의 투자자를 합리적인 투자자로 본다.

| 그림 6-2 | 위험에 따른 투자자의 태도

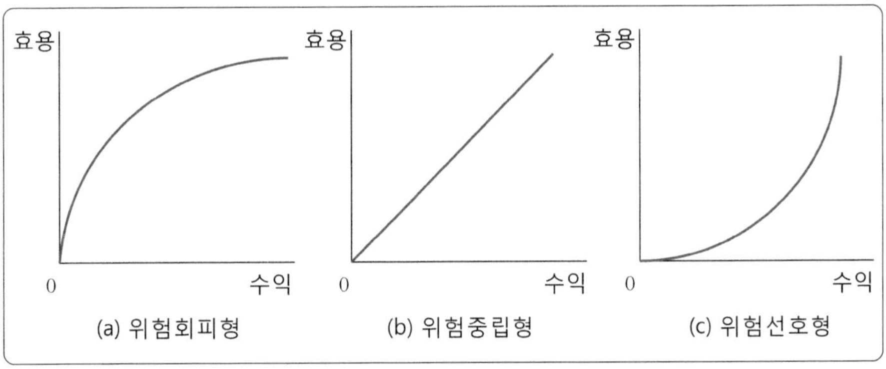

(a) 위험회피형　(b) 위험중립형　(c) 위험선호형

2. 개별자산의 기대수익률과 위험의 측정

(1) 기대수익률의 측정

다양한 투자대상을 객관적으로 평가하고 비교하기 위해서는 수익과 위험을 계량화할 수 있어야 한다. 투자수익의 구체적인 척도는 보통 투자수익률(rate of return on investment)로 나타낸다. 수익률은 사전적(ex-ante) 수익률인 기대수익률(expected rate of return)과 사후적(ex-post) 수익률인 평균수익률(average rate of return)로 나눌 수 있다.

개념적으로는 각 투자수익률의 확률분포가 정규분포임을 가정한다면 정규분포의 특성에 따른 투자대상별 수익률 분포와 그 분포의 분산 정도에 의해 각각 기대수익률과 위험을 측정할 수 있다.

기대수익률(expected return)은 발생 가능한 상황에 따른 예상수익률과 예상수익률이 나타날 확률을 고려하여 산출한다. 기대수익률의 계산식은 〈식 6-1〉과 같다.

기대수익률＝(수익률×확률)의 총합

$$V = \sum (E(R_i) \cdot P_i) \qquad (6\text{-}1)$$

$E(R_i)$: i 자산의 기대수익률

P_i: i 자산의 기대수익률이 발생할 확률

(2) 위험의 측정

위험은 수익률의 분포가 분산되어 있는 정도로 기대수익률의 변동가능성을 의미한다. 수익률의 분산(variance of returns)은 〈식 6-2〉와 같이 통계학적으로 분산(variance) 또는 표준편차(σ＝sigma)에 의해 측정할 수 있다.

■ 분산(σ^2) : 미래수익률의 확률분포가 있을 때 각 실현가능수익률과 기대수익률의 차이(편차)를 제곱하여 이를 각 수익률이 실현될 확률로 가중평균한 값

$$\text{분산} = Var(R) = \sigma^2 = \sum[(R_i - E(R_i))^2 \times P_i] \qquad (6\text{-}2)$$

$$= \sum[(\text{수익률편차})^2 \times \text{확률}]$$

$$\text{수익률편차} = \text{실제수익률} - \text{기대수익률}$$

■ 표준편차(σ) : 분산의 양의 제곱근을 구한 것이다. 이는 편차를 제곱함으로써 단위적용이 힘들어진 분산을 수익률의 단위와 같도록 표준화한 값

$$\text{표준편차} = \sigma = \sqrt{Var(R)}$$

미래에 발생할 실제수익률과 기대수익률의 차이(σ)가 크면 클수록 기대수익률을 달성하지 못할 가능성(위험)이 커지게 된다.

3. 투자자의 자세

투자자는 위험과 기대수익률의 계산을 통해 투자안의 가치를 평가한다. 투자는 투자시점은 현재이지만, 그 결과는 미래에 나타난다. 만약 우리가 미래를 예측할 수 있다면 부자가 되기는 시간문제이다. 그래서 투자자들은 미래에 발생할 기대수익률과 위험을 알아내기 위해 온갖 수단을 동원한다. 그러나 미래를 예측하는 것은 쉽지 않다. 투자자의 입장에선 가장 먼저 생각하는 것이 투자해서 손해만 안 봤으면 좋겠다고 한다. 그렇게 하려면 어떻게 해야 할까? 각 투자안의 위험 크기를 정확히 예측하고 그 위험을 줄이는 방안을 찾아내야 한다. 과연 그 위험을 줄일 수 없을까?

합리적인 투자자는 개별위험의 측정을 전제로 투자에 따른 위험을 감소시킬 수 있는 최적의 포트폴리오투자를 찾게 된다. 가장 쉬운 투자방안은 무엇보다 분산투자이다. 이는 같은 기대수익률을 유지하면서 위험을 최소화

시키는 방법이다. 둘째는 분산투자의 효과를 높이기 위해선 구성자산의 상관관계 고려가 중요하다. 투자자는 구성자산의 수를 증가시키면서 구성자산 간 위험의 상관관계를 고려한 투자전략을 수립하고 실행해야 같은 수익률을 유지하면서 위험을 줄일 수 있다. 셋째는 다양한 투자시기이다. 경기변동 등에 따라 투자자산의 가격변동이 생기므로 다양한 투자대상에 투자하는 것이 수익실현에 유리하다.

제2절 포트폴리오(portfolio)이론

1. 포트폴리오이론의 개요

투자자는 개별자산에 투자하는 것보다 여러 자산에 분산투자하는 것이 투자에 따른 위험을 줄이는 하나의 방법이라고 생각한다. 과연 그럴까? 이 문제의 해답이 포트폴리오이론이다.

포트폴리오이론은 위험자산을 대상으로 한다는 전제에서 출발한다. 마코위츠(H. Markowitz)는 포트폴리오(portfolio)의 기대수익률과 분산을 이용하여 위험을 계수화하고 분산투자의 효과를 측정하는 방법을 제시했다. 만일 투자자들이 수익의 극대화에만 관심을 가진다면, 가장 높은 수익률이 기대되는 개별자산 하나에만 투자하려 할 것이다. 그러나 대부분의 투자자들은 개별자산 하나만을 보유하는 것이 아니라 여러 자산의 조합 즉, 포트폴리오를 투자대상으로 보유한다.

왜 그럴까? 투자자의 입장에서는 포트폴리오를 구성하여 분산투자함으로써 포트폴리오 구성자산 간의 상호작용에 의해 투자위험을 감소시킬 수 있기 때문이다.

포트폴리오(portfolio)는 원래 여러 장의 서류나 그림을 그린 종이를 한데

| 그림 6-3 | 분산투자의 필요성

모아 끼워 넣은 '서류철' 또는 '자료수집철'을 말한다. 이 개념이 재무관리에 도입되면서 유가증권목록 또는 여러 자산의 조합(combination of assets)의 개념으로 사용된다. [그림 6-3]은 위험을 줄이는 방법에 대한 격언을 통해 분산투자의 필요성을 설명하고 있다.

2. 포트폴리오의 기대수익률과 위험의 측정

(1) 포트폴리오의 기대수익률 측정

포트폴리오의 기대수익률은 포트폴리오를 구성하는 개별증권의 기대수익률을 투자비율에 따라 가중한 수익률의 가중평균에 의해 계산할 수 있다. 가령 투자자가 A와 B 두 주식으로 구성한 포트폴리오를 투자한다고 가정해보자. 이 때 A에 투자한 비율을 w_A, B에 투자한 비율을 w_B라 하면, $w_A + w_B = 1$이다. w_i는 가중평균지수이다. 이 경우 포트폴리오와 수익률은 〈식 6-3〉과 같이 계산할 수 있다.

$$R_p = w_A R_A + w_B R_B \rightarrow E(R_p) = w_A E(R_A) + w_B E(R_B) \qquad (6\text{-}3)$$

n개의 위험자산으로 구성된 포트폴리오를 P라고 가정하면 다음 계산식에 의해 포트폴리오 기대수익률을 측정할 수 있다(단, $n \geq 3$).

$$E(R_p) = \sum_{i=1}^{n} w_i E(R_i) \qquad (6\text{-}4)$$

(2) 포트폴리오의 위험 측정

포트폴리오의 위험은 포트폴리오의 수익률에 대한 분산 또는 표준편차로 측정된다. 즉 〈식 6-3〉에서 보는 것과 같이 2개의 자산으로 구성된 포트폴리오의 수익률 분산은 2개 자산의 투자비율을 가중치로 한 가중분산의 합에 가중공분산을 합한 값이다. 여러 자산 간 수익률 변동이 어떠한 관계를 갖고 있는지를 측정할 수 있는 측정치로 공분산과 상관계수가 있다. 증권 A과 B 두 증권으로 구성된 포트폴리오수익률의 분산은 〈식 6-5〉와 같다.

$$\begin{aligned} Var(R_P) &= Var(W_A r_A + W_B r_B) \qquad (6\text{-}5) \\ &= W_A^2\, Var(r_A) + W_B^2\, Var(r_B) + 2\, W_A\, W_B\, Cov(r_A,\ r_B) \\ &= w_A^2 \sigma_A^2 + w_B^2 \sigma_B^2 + 2 w_A w_B \sigma_{AB} \\ &= w_A^2 \sigma_A^2 + w_B^2 \sigma_B^2 + 2 w_A w_B \sigma_A \sigma_B \rho_{AB} \end{aligned}$$

n개의 위험자산으로 구성된 포트폴리오(P)의 위험은 〈식 6-6〉과 같이 계산할 수 있다.

$$Var(R_P) = \sum_{i=1}^{n} \sum_{j=1}^{n} w_i \cdot w_j \cdot \sigma_{ij} = \sum_{i=1}^{n} w_i \cdot \sigma_{iP} \qquad (6\text{-}6)$$

포트폴리오를 구성하는 주식의 수가 늘어날수록 포트폴리오의 분산은 개별주식의 분산보다 개별주식 간의 공분산에 의해 더 크게 영향을 받는다.

1) 공분산

공분산(covariance)은 A, B 두 자산의 수익률이 얼마나 같은 방향으로 움직이는 경향이 있는가를 나타낸다. 공분산은 $Cov(r_A, r_B)$ 또는 σ_{AB}로 표시한다. A와 B 두 자산의 수익률 간 공분산은 다음과 같이 산출된다.

$$\text{공분산} = Cov(R_A, R_B) = \sigma_{AB} \quad (6\text{-}7)$$
$$= \sum[(R_{A_i} - E(R_A)) \times (R_{B_i} - E(R_B)) \times P_i]$$
$$= [(\text{A의 편차} \times \text{B의 편차}) \times \text{확률}]$$

- 공분산> 0: 평균적으로 두 자산수익률이 서로 같은 방향으로 변동
- 공분산< 0: 평균적으로 두 자산수익률이 서로 다른 방향으로 변동

공분산은 두 수익률 간 편차의 부호가 서로 반대이면 공분산은 0보다 작아진다. 이 때 두 수익률이 반대 방향으로 움지임을 표시한다. 공분산을 통해 두 주식수익률의 변동방향이 같은지 다른지를 확인할 수 있다. 그러나 공분산은 편자의 설대석 크기에 따라 영향을 미치므로 공분산이 더 크다고 해서 두 확률변수 간에 상호관련 정도가 더 높다고 말할 수 없다. 이러한 문제를 해결하기 위해 공분산을 표준화한 상관계수를 이용한다.

2) 상관계수

상관계수(correlation coefficient)는 두 수익률 간 상관관계를 표준화한 수치이다. 공분산의 크기로 두 변수간의 밀접한 정도와 방향을 나타내기 위해 상관계수를 사용한다. 상관계수는 두 변수간 공분산을 각 변수의 표준편차의 곱으로 나누어 표준화한 값으로 ρ(rho)로 표시한다. 가령 A증권과 B증권의 수익률 간의 상관계수는 다음과 같다.

| 그림 6-4 | 상관계수의 관계도

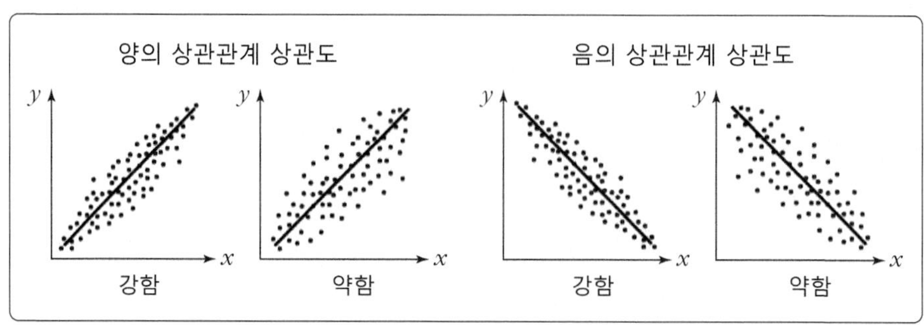

$$-1 \leq \rho_{AB} = \frac{Cov(r_A,\ r_B)}{\sigma_A \sigma_B} \leq 1$$

상관계수(correlation coefficient)는 [그림 6-4]와 같이 두 확률변수 간 밀접한 정도를 측정하는 수단으로 -1부터 $+1$의 범위를 가진다. 만일 두 증권의 수익률이 완전한 부(−)의 상관관계를 가진다면, 상관계수 ρ_{AB}는 -1이다. 아무런 상관관계가 없다면 ρ_{AB}가 0인 경우이다. 결국 투자자는 수익률이 반대방향으로 움직이는 자산으로 포트폴리오를 구성할 경우 포트폴리오 위험을 가장 쉽게 감소시킬 수 있다.

- $\rho=1$: 두 주식의 수익률이 동일한 방향과 동일한 비율로 변동(완전 정(+)의 관계)
- $\rho=0$: 두 주식의 수익률은 어떠한 상호관련이 없음을 의미함
- $\rho=-1$: 두 주식의 수익률이 반대 방향, 동일한 비율로 변동(완전 부(−)의 관계)

3. 포트폴리오효과

주식시장에서 여러 개의 다양한 주식을 매입하여 하나의 조합(포트폴리오)

❙그림 6-5❙ 분산투자의 효과

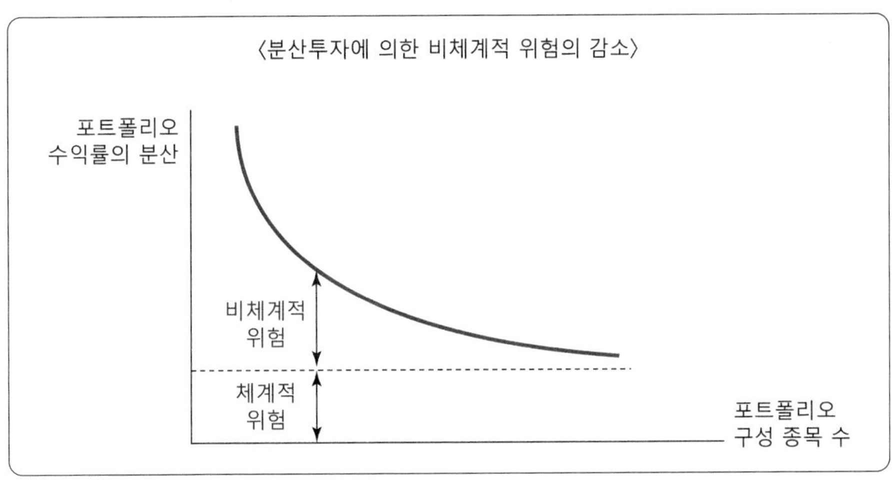

을 구성함으로써 기대수익률을 감소시키지 않으면서 총투자위험을 감소시킬 수 있다. 이와 같은 효과를 분산투자효과 또는 포트폴리오효과라 한다. 포트폴리오를 구성하면 왜 위험이 줄어드는가? 분산투자에 의해 위험을 감소시킬 수 있는 이유는 [그림 6-5]를 통해 쉽게 이해될 수 있다.

그림을 보면 포트폴리오 구성자산의 수를 증가시킴에 따라 포트폴리오 위험이 감소함을 알 수 있다. 그 이유는 총위험 가운데 체계적 위험은 줄어들지 않지만, 비체계적 위험은 0에 접근하기 때문이다. 투자자의 입장에선 위험을 줄이기 위해 분산투자를 하는 것이 최선의 방안이다.

가령 A, B 두 주식 간의 관계가 완전 음의 상관관계인 경우($\rho_{AB}=-1$) A와 B 두 주식으로 결합된 포트폴리오 위험은 개별증권의 위험에 비해 $-2\rho_{AB}\sigma_A\sigma_B$만큼 감소시킨다. 이 때 분산투자로 인한 위험의 감소효과가 가장 크다. 두 주식 간 포트폴리오위험의 계산식은 〈식 6-8〉과 같다.

$$
\begin{aligned}
Var(R_P) &= w_A^2\sigma_A^2 + w_B^2\sigma_B^2 + 2w_A w_B\sigma_A\sigma_B \times (-1) \qquad (6\text{-}8) \\
&= (w_A\sigma_A - w_B\sigma_B)^2
\end{aligned}
$$

반면 완전 양의 상관관계($\rho_{AB}=+1$)를 가진 경우에는 포트폴리오를 구성하더라도 포트폴리오위험을 감소시키지 못한다. 결국 분산투자의 효과가 나타나지 않는다는 것이다.

4. 효율적 포트폴리오

투자자는 기대수익률과 위험 간의 관계에서 어떤 투자안을 선택해야 할까?

마코위츠(H. Markowitz)는 투자결정 시 포트폴리오의 평균과 분산을 기준(mean-variance criterion)으로 투자대상을 선택하는 포트폴리오 선택이론(portfolio selection)을 주장했다. 이 때 동일한 기대수익률을 갖는 포트폴리오 가운데 가장 낮은 위험을 갖는 포트폴리오를 선택하고, 동일한 위험을 갖는 포트폴리오 가운데 가장 높은 기대수익률을 갖는 포트폴리오를 선택한다는 지배원리(dominance principle)를 제시하였다. 마코위츠의 평균-분산 포트폴리오이론은 무위험자산을 고려하지 않고 위험자산들만으로 구성된 경우의 포트폴리오 선택이론이다.

위험투자대상이 되는 포트폴리오의 집합을 투자기회집합(opportunity set)이라고 한다. 투자자는 투자기회집합 가운데 위험이 가장 낮고 기대수익률이 가장 높은 투자대상인 최적포트폴리오를 선택할 수 있다.

투자기회집합을 이루는 투자 가능한 포트폴리오를 대상으로 지배원리를 적용할 경우, 이를 만족시키는 포트폴리오를 효율적 포트폴리오(efficient portfolio)라 한다. 효율적 포트폴리오의 집합을 효율적 프론티어(efficient frontier) 또는 효율적 투자기회선이라고 한다.

[그림 6-6]에서 투자기회집합을 구성하는 포트폴리오 A와 B를 비교해 보자. 가령 포트폴리오 A와 C는 동일한 기대수익률을 갖는 투자대상이지만 A가 C보다 위험이 낮은 투자대상이므로 합리적인 투자자는 포트폴리오 A

❙그림 6-6❙ 효율적 포트폴리오집합

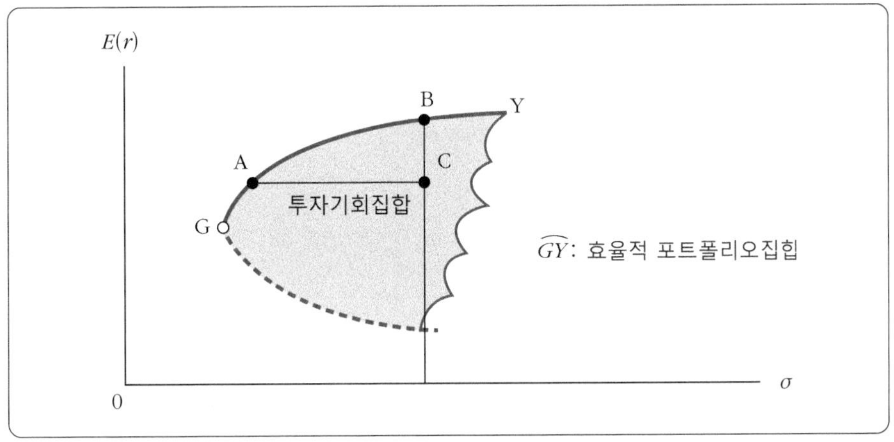

를 선택할 것이다. 그리고 포트폴리오 B와 C를 비교해 보면, B와 C는 동일한 위험을 갖는 투자대상이지만 B가 C보다 높은 기대수익률을 갖는 투자대상이므로 포트폴리오 B를 선택할 것이다. 이와 같이 지배원리를 적용할 경우 점 GABY로 이어지는 곡선을 효율적 포트폴리오의 집합 혹은 효율적 프론티어라고 한다.

5. 투자자의 효용과 최적포트폴리오 선택

(1) 투자자의 효용과 기대효용극대화 기준

합리적인 투자자라면 기대수익과 위험을 동시에 고려한 기대효용극대화 기준에 따라 투자안을 선택한다. 효용(utility)이란 인간이 어떤 목적물로부터 얻는 심리적 만족감을 의미한다. 이의 관계를 설명하는 것이 효용함수(utility function)이다.

효용함수는 수익률이 증가하면 효용도 커지는 수익률에 대한 증가함수이다. 효용의 변화에 따른 투자자의 태도는 위험－수익에 따라 달라진다. 본 장에서는 위험회피형을 기준으로 설명한다.

| 그림 6-7 | 위험회피형의 효용곡선

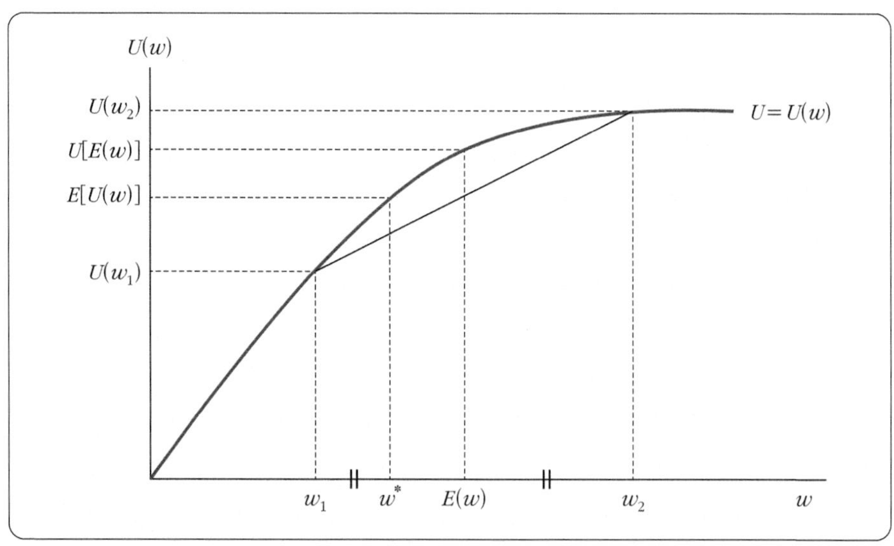

| 그림 6-8 | 위험회피형 투자자의 무차별곡선과의 관계

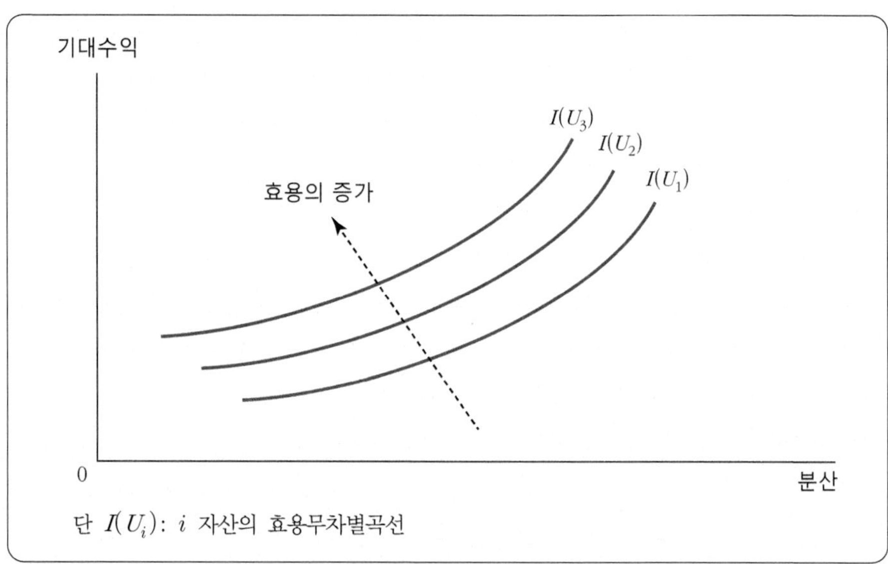

[그림 6-7]의 효용곡선 $U(w)$를 보면 알 수 있듯이 효용함수는 효용을 세로축, 부를 가로축으로 하는 평면에서 체감적으로 증가하는 곡선의 형태로 그려진다. 우상향곡선이지만, 갈수록 효용의 증가율이 떨어지고 있다. 이는 한 단위 한 단위 더 추가될수록 한계효용체감의 법칙이 적용됨을 알 수 있다. 위험회피형 투자자(risk-averter)의 경우 [그림 6-8]에서와 같이 기대수익과 위험의 관계에 의해 동일한 만족을 주는 $I(U_1)$, $I(U_2)$, $I(U_3)$ 등 다양한 효용무차별곡선(indifference curve)이 존재한다. 그림에서 보듯이 같은 위험에 비해 기대수익률이 높을수록 효용이 증가함을 알 수 있다.

(2) 최적포트폴리오의 선택

[그림 6-9]에서 보는 바와 같이 효율적 프론티어 상에는 수많은 효율적 포트폴리오가 존재한다. 최적포트폴리오(optimal portfolio)는 효율적 포트폴리오 가운데 투자자에게 최대의 효용을 가져다주는 포트폴리오이므로, 효율적 프론티어와 투자자의 무차별곡선이 접하는 점에서 각각 선택된다.

| 그림 6-9 | 위험회피형 투자자의 최적자산 선택

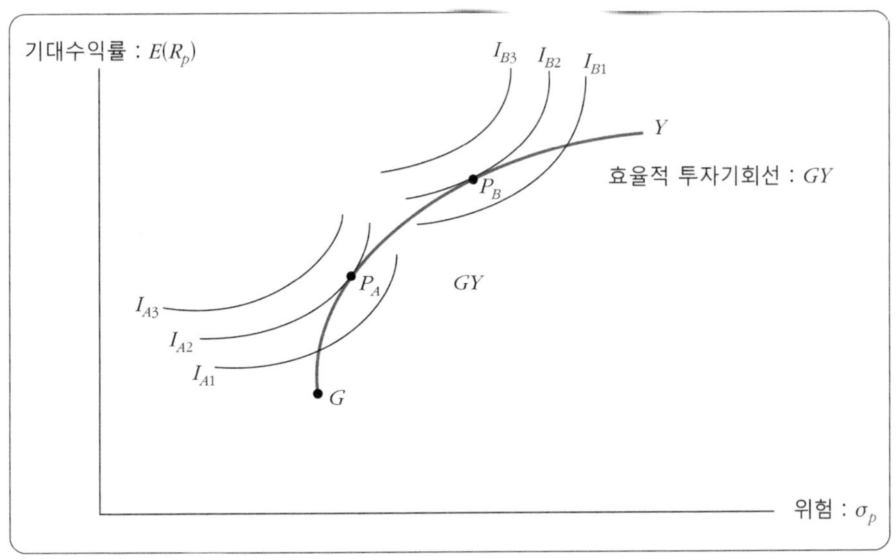

1) 평균-분산기준

합리적 투자자는 오직 기대수익률(평균)과 위험(분산)만을 고려하여 자산을 선택한다. 따라서 위험회피형의 투자자는 기본적으로 자신의 효용을 극대화시킬 수 있는 기대수익이 크며 위험이 작은 자산을 선택하게 된다. 투자결정에서 효용은 투자자가 기대수익과 위험에 대해 느끼는 만족도에 의해 좌우되므로 투자자의 효용은 기대수익과 위험의 관계를 나타내면 〈식 6-9〉와 같다.

$$E(U_i) = f[E(R_i),\ \sigma_i] \tag{6-9}$$

$E(U_i)$: i 자산의 투자자의 기대효용

$E(R_i)$: i 자산의 기대수익

σ_i: i 자산의 분산

투자자가 평균-분산기준(mean-variance criterion)에 따라 의사결정을 한다는 것은 다음의 두 조건 중 최소한 하나가 만족됨을 전제로 한다. ① 투자자가 위험회피형이며 수익률의 확률분포가 정규분포이거나, ② 투자자의 효용함수가 2차함수이다.

2) 지배원리와 효율적 자산

지배원리(dominance principle)란 동일 수익률인 경우 위험이 작은 자산을 선택하고, 동일 위험인 경우 수익률이 높은 자산을 선택하는 자산 선택의 원리를 말한다. 효율적 자산이란 앞서 설명한 지배원리를 충족하는 자산을 지칭한다.

3) 효용함수와 최적자산의 선택

평균-분산 평면에서 효용함수는 위험과 기대수익률 간 효용무차별곡선의 형태로 나타난다. 실제로 기대수익률의 증가에 따라 효용이 증가하며,

위험의 증가에 따라 효용이 감소하는 형태가 일반적인 위험회피형 투자자의 특성이다.

[그림 6-9]를 보면 알 수 있듯이 결국 효용무차별곡선이 효율적 프론티어와 결합하는 접점 P_A, P_B에서 최적포트폴리오가 결정된다. 투자자들은 효율적 프론티어(투자기회선) 위의 수많은 효율적 포트폴리오들 가운데 개인투자자의 효용을 극대화시키는 최적포트폴리오자산을 선택하게 된다.

활용과 응용

본 장을 학습한 후 투자자가 기대수익과 위험의 관계를 고려한 최적포트폴리오 선택의 과정을 이해하고 투자위험을 줄이는 투자전략 수립방안을 제시할 수 있어야 한다.

- 개별자산투자와 포트폴리오투자의 위험과 기대수익률을 계산할 수 있는가?
- 투자자별 위험에 대한 태도는 왜 달라질까?
- 포트폴리오효과가 왜 생기는가?
- 최적투자안의 선택기준은 무엇인가?
- 각 투자안의 최적자산 선택원리를 설명할 수 있는가?

제 7 장

자본자산가격결정모형 (CAPM)

학습목표

본 장은 균형시장에서 위험과 기대수익률의 관계를 통해 자본자산의 가격이 어떻게 결정되는지 자본자산가격결정모형(CAPM)의 의미와 유용성을 학습한다.

- 자본자산가격결정모형의 가정과 가정의 현실적 설명력
- 체계적 위험과 비체계적 위험의 개념과 포트폴리오위험의 감소원인
- 무위험자산과 위험자산의 결합으로 나타나는 변화
- 자본시장선과 증권시장선의 도출과정과 그 차이
- 균형시장 내 자본자산가격의 조정과정

제1절 자본자산가격결정모형의 개요

1. 자본자산가격결정모형의 가정

(1) 자본자산가격결정모형의 개념

모든 자산의 수요와 공급이 일치되도록 가격이 형성되는 상태가 균형시장이며 균형시장에서 형성되는 가격을 균형가격(equilibrium price)이라 한다.

자본자산가격결정모형(capital asset pricing model: CAPM)이란 시장이 균형상태에 있을 때 자본자산의 균형가격이 어떻게 결정되는가를 설명하는 모형이다.

마코위츠가 평균과 분산에 의한 자산선택원리를 연구한 포트폴리오이론 이후, 샤프(W. F Sharpe), 린트너(L. Lintener), 모신(J. Mossin) 등에 의하여 자본시장에 관한 연구가 진행되었다. 균형상태에서 자본자산의 가격결정을 규명하려는 이론에는 자본자산가격결정이론(CAPM), 재정가격결정이론(APT) 그리고 옵션가격결정이론(OPM) 등이 있다.

(2) 자본자산가격결정모형의 가정

자본자산가격결정모형(CAPM)은 다음과 같은 가정들을 기초로 한다.

첫째, 자신의 기대효용을 극대화하기 위해 위험회피적인 투자자로서 마코위츠(Markowitz)의 평균과 분산의 기준에 따라 투자결정을 한다.

둘째, 모든 투자자들은 미래 경제상황과 기업성과 등에 대해 동질적 예측(homogeneous expectations)을 한다.

셋째, 증권시장은 완전자본시장이다. 따라서 각 투자자는 가격순응자(price taker)이다. 어떤 투자자의 거래도 시장가격에 영향을 미치지 못한다. 그리고 세금과 거래비용도 없다. 효율적인 자본시장이어서 정보가 신속하고 정확하게 알려지고 정보획득에 따른 비용도 존재하지 않는다.

넷째, 투자자들은 동일한 무위험이자율로 무제한적으로 대출 또는 차입이 가능하다.

다섯째, 모든 투자자의 투자기간은 단일 동일기간(one identical period)이다. 여기서 단일기간(one period)이라 함은 투자자들이 한번 사서 보유했다가 한번 팔 때까지의 기간을 의미한다. 다시 한번 사서 또 파는 소위 복수기간(multiple periods)은 고려하지 않는다.

2. 자본시장선

(1) 무위험자산의 선택과 자본시장선

마코위츠의 포트폴리오이론(portfolio selection theory)에서는 단지 위험자산만을 고려한 효율적 포트폴리오를 설명했다. 그러나 합리적인 투자자라면 같은 기대수익률에서 위험을 줄이기 위해 위험자산과 무위험자산을 결합한 포트폴리오를 구성할 것이다. 이 경우 최적 포트폴리오를 어떻게 선택할 것인가 하는 문제가 제기된다.

투자자가 위험자산과 무위험자산의 구성비율을 어떻게 구성하는 것이 같은 위험에서 기대수익률을 높여주는 투자안을 선택하는 과정을 설명하는 것이 자본시장선(Capital Market Line: CML)이다. 자본시장선은 위험자산과 무위험자산에 대한 자본배분에 따라 위험과 수익률의 관계가 〈식 7-1〉과 같이 직선으로 나타난다. 이는 자본분배선 또는 자본할당선(CAL)의 개념과 같다.

$$E(R_P)=r_f+[\frac{E(R_A)-r_f}{\sigma_A}]\sigma_P=\text{무위험자산의 수익률}$$

$$+(\text{자본배분선의 기울기}\times\text{포트폴리오의 표준편차}) \quad (7\text{-}1)$$

자본시장선의 기울기는 위험 1단위를 추가로 부담할 때 얼마만큼의 추가적인 수익률을 얻을 수 있는가를 나타내는 위험보상률을 의미하며, 이를 샤프지수라고 한다. 즉, 자본배분선의 기울기는 추가적인 위험(표준편차) 1단위 부담에 따른 위험의 프리미엄(risk premium)으로 이해할 수 있다.

(2) 시장포트폴리오와 자본시장선

무위험수익률로 차입과 대출이 무제한적으로 가능하다면 합리적 투자자는 다수의 위험자산이 존재하는 경우 투자기회집합은 $r_f MQ$로 투자안을 선택한다. 지배원리에 의해 투자자가 위험자산을 선택할 경우 항상 M을 선택하게 된다. 또 동질적 기대의 가정에 의하면 모든 투자자의 예상이 동일하므로 모든 투자자들이 투자할 때 이 투자선을 선택한다.

[그림 7-1]에서 수익률 r_f인 무위험자산과 마코위츠의 효율적 프론티어상 위험자산인 포트폴리오 A가 포트폴리오를 구성한다면, 기대수익률과 위험은 투자비율에 따라 $r_f A$ 선상에 위치하게 된다. 그리고 무위험자산(r_f)과

▌그림 7-1▐ 효율적 포트폴리오와 자본시장선

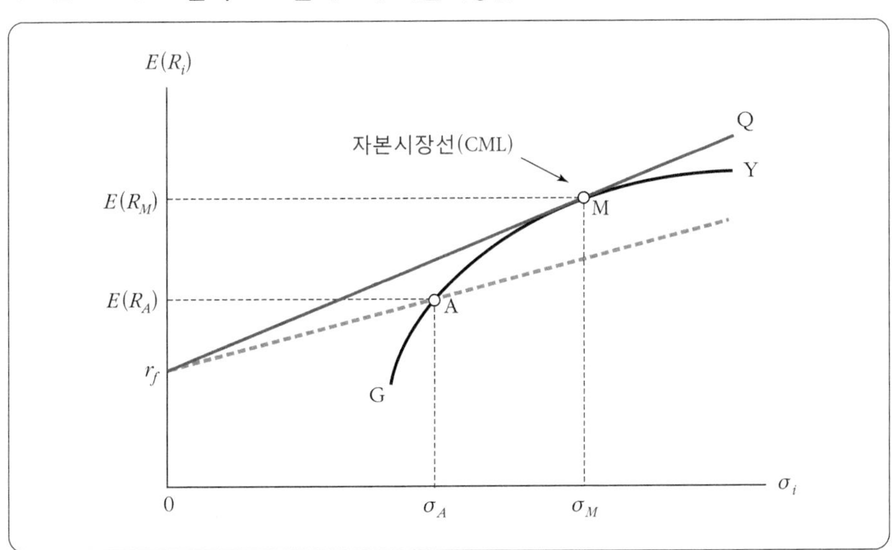

포트폴리오 M이 포트폴리오를 구성하면, 기대수익률과 위험은 $r_f M$ 선상에 위치하게 된다. 여기서 무위험자산 r_f와 위험자산 M으로 이루어진 포트폴리오는 무위험자산과 위험자산 A로 구성된 포트폴리오를 지배한다. 즉, $r_f M$은 어떠한 투자안보다 동일한 위험수준에서 보다 큰 기대수익률을 제공하고, 동일한 기대수익률 수준에서 보다 낮은 위험을 제공하는 투자대상이다.

포트폴리오 M은 위험자산으로 구성된 포트폴리오 가운데 최적의 포트폴리오이다. 이를 시장포트폴리오(market portfolio)라 한다. 투자자가 위험을 줄이기 위한 최적 투자안을 선택하려는 합리적인 투자자라면 무위험자산과 위험자산으로 포트폴리오를 구성하게 되고 위험자산 가운데서는 시장포트폴리오 M만을 선택하게 될 것이다. 그러나 자본의 차입과 대출이 무제한적으로 가능하다면 투자자는 차입과 대출을 통해 더 큰 수익의 투자안을 선택해나갈 것이다.

[그림 7-1]에서 시장포트폴리오 M과 무위험자산 r_f 사이에 위치한 포트폴리오를 대출포트폴리오(lending portfolio)라고 한다. 그리고 보유자산을 모두 시장포트폴리오에 투자한다면 이 포트폴리오는 기대수익률 $E(R_M)$과 표준편차 σ_M을 갖는다.

$$E(R_P) = r_f + \left[\frac{E(R_M) - r_f}{\sigma_M} \right] \cdot \sigma_{(R_p)} \qquad (7\text{-}2)$$

한편 무위험이자율에 추가자금을 차입하여 본래의 투자자금과 함께 시장 포트폴리오에 투자함으로써 얻는 포트폴리오는 $r_f M$의 연장선상에 위치하게 된다. $r_f M$의 연장선인 MQ선상에 위치한 포트폴리오는 차입자금을 사용하므로 차입포트폴리오(borrowing portfolio) 또는 레버리지포트폴리오(leveraged portfolio)라고 한다.

이와 같이 무위험자산과 무위험이자율에 차입과 대출이 무제한적으로 가능할 경우 효율적 프론티어는 $r_f MQ$선이 되고 이 $r_f MQ$선을 자본시장선(capital market line: CML)이라고 한다. 자본시장선은 시장포트폴리오와 무위험자산을 결합하는 투자자의 행동에 의해 투자자의 효용을 만족시키는 수준을 나타낸다.

$$E(R_i) = r_f + \frac{[E(R_M) - r_f]}{\sigma_M} \cdot \sigma_i \tag{7-2}$$

〈식 7-3〉은 개별증권의 경우 표준편차로 측정된 위험 1단위가 증가함에 따라 $[E(R_M) - r_f]/\sigma_M$만큼 위험부담에 대한 보상 즉 위험프리미엄만큼 기대수익률이 증가된다는 것이다. 이것이 바로 위험의 시장가격이다. 그리고 r_f는 화폐의 시간가치에 대한 보상을 나타내므로 이것은 시간의 시장가격이라고 한다. 따라서 기대수익률은 시간에 대한 보상과 위험에 대한 보상의 합이라고 할 수 있다.

결론적으로 투자자는 위험선호에 따라 $r_f MQ$선상에 위치한 포트폴리오 가운데 가장 만족하는 최적포트폴리오를 선택하게 된다(그림 7-1).

제2절 체계적 위험과 증권특성

1. 체계적 위험과 비체계적 위험

위험을 감소시키는 가장 간단한 방법은 포트폴리오 구성자산의 수를 늘리는 것이다. 증권투자의 경우 상관계수가 일정하다면 포트폴리오 위험은 포트폴리오를 구성하는 증권의 수를 증가시킬수록 감소한다. 그러나 이와 같은 증권 수의 증가에 의한 위험분산효과에도 한계가 있다. 즉 증권의 수를 증가시킬 경우 일정수준까지는 위험이 감소하지만 그 수준을 넘어서면 제거되지 않는 분산불능위험이 존재한다.

개별증권의 위험 가운데 포트폴리오를 구성함으로써 제거될 수 없는 부분을 분산불능위험(nondiversifiable risk), 또는 체계적 위험(systematic risk)이라고 하고, 제거될 수 있는 부분을 분산가능위험(diversifiable risk) 또는 비체계적 위험(unsystematic risk)이라고 한다. 체계적 위험은 인플레이션이나 경기후퇴, 이자율상승 등과 같이 시장 전체에 영향을 미치는 요인에 의해 생기는 위험이다. 반면 비체계적 위험은 최고경영자의 경영사고나 매출액변동, 노사문제, 소송 등 개별기업의 고유한 문제로 생기는 위험을 의미한다. 이러한 위험은 여러 자산에 분산투자함으로써 감소시킬 수 있는 위험이기 때문에 분산가능위험이라고 한다.

따라서 표준편차 또는 분산으로 나타내는 개별증권의 위험을 총위험이라고 하면 총위험은 다음의 두 가지 요소로 나눌 수 있다.

총위험 = 분산불능위험(체계적 위험) + 분산가능위험(비체계적 위험)

2. 증권특성과 β계수

합리적인 투자자라면 최적의 투자안을 선택하기 위해 포트폴리오 투자를 통해 투자위험을 체계적 위험수준까지 낮춰주는 투자안을 선택하게 된다. 다시 말하면 비체계적 위험이 전부 제거되고 체계적 위험만이 관심의 대상이 된다.

체계적 위험은 개별증권의 기대수익률이 시장움직임과 관련하여 반응하는 정도로써 측정될 수 있고, 시장움직임은 시장전체의 기대수익률(시장포트폴리오 수익률)의 변동으로 나타낼 수 있다. 따라서 시장움직임에 대한 개별증권의 움직임은 주식시장의 수익률변동에 대한 개별증권의 수익률변동으로 나타낼 수 있고 그 척도로 베타계수(β)가 사용된다. 예를 들어 i증권의 β가 0.5라는 것은 시장전체의 평균수익률이 1% 움직일 때 i증권의 수익률은 0.5% 움직이고, β가 1.0이라면 시장전체의 평균수익률과 같은 크기로 움직인다는 것을 의미한다.

베타(β)는 구체적으로 〈식 7-4〉와 같이 측정된다.

$$\beta_i = \frac{Cov(R_i,\ R_M)}{Var(R_M)} = \frac{\sigma_{iM}}{\sigma_M^2} = \frac{\rho_{iM}\sigma_i\sigma_M}{\sigma_M^2} = \rho_{iM}\frac{\sigma_i}{\sigma_M} \qquad (7\text{-}4)$$

β_i: 개별증권 i의 베타위험

σ_M: 시장포트폴리오 수익률의 표준편차

σ_i: 개별증권 i의 표준편차

ρ_{iM}: 개별증권 i와 시장포트폴리오 수익률 간 상관계수

〈식 7-4〉에 의해 계산된 β_i는 개별증권의 기대수익률이 시장포트폴리오의 기대수익률변동에 반응하는 민감도를 나타낸다. 개별증권수익률과 시장포트폴리오 수익률 간에 선형관계가 존재한다고 가정하면 β_i는 개별증권의 기대수익률을 종속변수로 하고 시장포트폴리오의 기대수익률을 독립변수로 하는 회귀식의 기울기와 같다.

$$\beta_i = \frac{Cov(R_i,\ R_M)}{Var(r_M)} \quad (\beta_i > 1\text{: 공격적 주식, } \beta_i < 1\text{: 방어적 주식}) \qquad (7\text{-}5)$$

$Cov(R_i,\ R_M) = \sigma_{iM}$: 개별증권 i와 시장포트폴리오 수익률 간 공분산

$Var(R_M) = \sigma_M^2$: 시장포트폴리오(M) 수익률의 분산

β가 1보다 큰 주식은 공격적인 주식이고, β가 1보다 작은 주식은 방어적인 주식이다. β가 1인 경우를 시장포트폴리오라고 한다. 이는 시장전체의 평균수익률로 대체할 수 있다. 가령 미국의 경우 S&P500지수 수익률 또는

뉴욕증권거래소의 주식평균수익률이 주식시장의 대용치로 사용되고 우리나라의 경우 KOSPI지수 수익률이 주식시장의 대용치로 사용된다.

개별주식과 M의 미래 확률분포를 사전적으로 알고 있는 경우에는 이와 위의 식을 이용하여 개별주식의 베타를 구할 수 있다. 하지만 현실적으로 사전적인 확률자료는 알기 어려우므로 그 대신에 사후적인 과거자료를 이용하여 베타를 추정할 수 있다.

제3절 증권시장선

1. 증권시장선의 도출

균형시장에서 베타(β)에 의해 측정되는 개별증권 또는 포트폴리오의 체계적 위험과 기대수익률의 관계를 설명해 주는 것이 증권시장선(Security Market Line: SML)이다. 이는 합리적인 투자자라면 분산투자를 통해 비체계적 위험이 0가 되면 결국 기대수익률은 체계적 위험의 크기에 의해 결정된다는 것이다.

M의 기대수익률 중 무위험수익률을 제외한 나머지가 위험부담에 대한 보상이라 할 수 있다. 무위험자산수익률을 초과하는 개별자산의 수익률이 투자로부터 창출되는 초과수익률(excess return)이 된다. 이는 $R_i - r_f$로 계산된다.

개별자산 i의 기대수익률이 해당시장의 평균 기대수익률[$E(R_i)$]를 초과하는 비정상수익률(abnormal return)은 $[R_i - E(R_i)]$로 계산된다.

$$E(R_i) - r_f = [E(R_M) - r_f] \cdot \beta_i$$

❙그림 7-2❙ 증권시장선의 도출

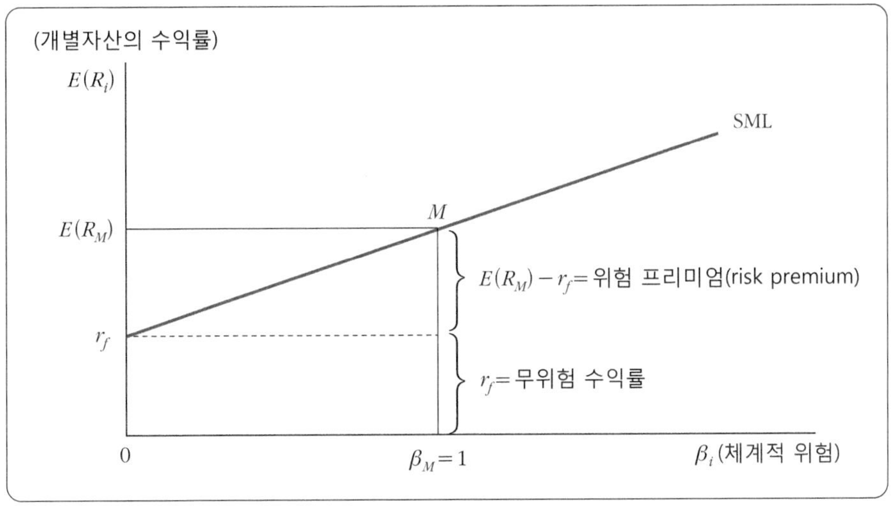

개별자산 i와 M 간의 관계로 나타내면 [그림 7-2]와 같은 직선을 증권시장선(SML)이라 한다. 그 관계를 수식으로 나타내면 〈식 7-6〉과 같다.

$$E(R_i)=r_f+\frac{E(R_M)-r_f}{\beta_M}\cdot\beta_i \tag{7-6}$$

합리적 투자자라면 효율적 포트폴리오 M에 투자하게 된다. 효율적 포트폴리오(M)의 경우 β_M이 1이므로 〈식 7-7〉과 같다. 이 때 효율적 포트폴리오의 경우 SML과 CML은 동일함을 알 수 있다.

$$E(R_i)=r_f+[E(R_M)-r_f]\cdot\beta_i \tag{7-7}$$

r_f: 무위험자산의 수익률

$E(R_M)$: 시장포트폴리오의 기대수익률

β_i: 체계적 위험의 계수

즉, SML은 체계적 위험에 대해 위험프리미엄을 요구하므로 총위험이 달라져도 동일한 체계적 위험을 지닌 위험프리미엄은 같다. 체계적 위험의 측정치인 베타가 1단위씩 증가할 때마다 시장위험프리미엄[$E(R_M)-r_f$]만큼 의 추가적인 위험보상이 요구됨을 알 수 있다.

2. 증권시장선과 자본시장선의 비교

증권시장선과 자본시장선은 둘 다 기대수익률과 위험의 선형관계를 설명한다. 두 시장선을 비교하면 차이는 위험의 척도가 다르다는 점이다. 즉, 자본시장선은 총위험과 기대수익률의 관계를 통해 자산의 선택과정을 설명하는 반면, 증권시장선은 체계적 위험의 계수인 베타(β_i)와 기대수익률의 관계에서 자본자산의 가격결정과정을 보여준다. 두 시장선의 관계를 비교하면 [그림 7-3]과 같다.

합리적인 투자자라면 합리적인 포트폴리오를 구성하기 위해선 시장의 변화와 같이 움직이는 시장포트폴리오를 선택할 것이다. 이 때 시장포트폴리오의 위험은 1이 된다.

증권시장선을 통해 균형시장에서 투자자가 기대수익을 얻기 위해 위험을

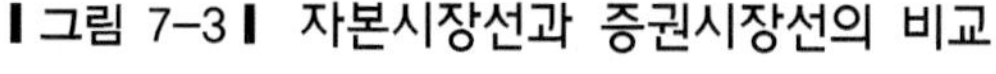
▌그림 7-3▐ 자본시장선과 증권시장선의 비교

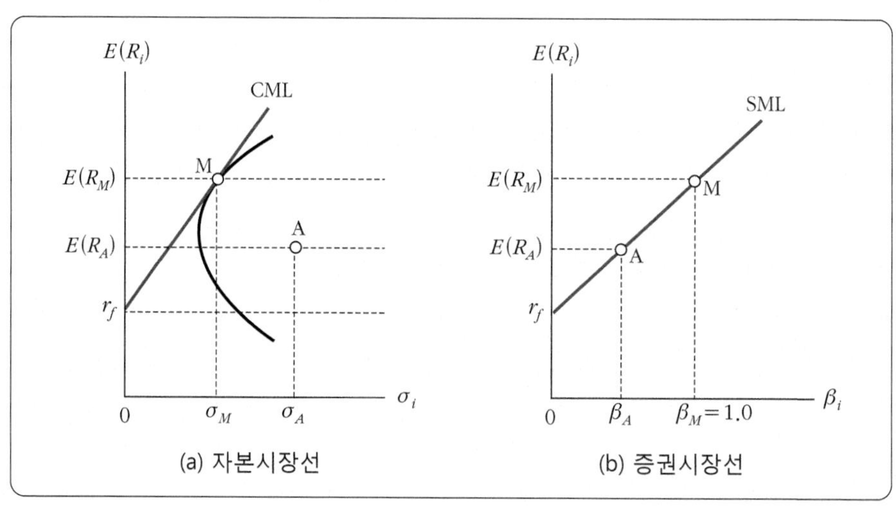

(a) 자본시장선 (b) 증권시장선

감수하는 데 대한 보상으로 요구하는 수익률 즉, 체계적 위험의 계수인 베타(β)를 추정할 수 있다. 베타에 의해 추정되는 체계적 위험과 이에 대응하는 요구수익률 간의 관계는 다음과 같다.

$$E(R_P) = r_f + [E(R_M) - r_f] \cdot \beta_P$$

위 식에서 $E(R_M) - r_f$는 시장위험프리미엄으로 시장포트폴리오 수익률 즉, 시장수익률이 무위험이자율을 초과하는 부분이다. $[E(R_M) - r_f] \cdot \beta_i$는 i증권의 위험프리미엄으로 베타계수에 따라 시장위험프리미엄보다 크거나 적거나 같게 나타난다.

3. 증권시장선과 차익거래

효율적인 시장이라면 투자자들이 동질적 예측을 하기 때문에 모든 자산의 가격은 일물일가의 법칙이 성립되어야 한다. 한 시장에서 한 자산의 가격이 서로 다른 가격으로 거래되고 있다면 불균형상태라고 할 수 있다. 만약 현재의 시장이 불균형상태라면 과도하게 평가된 주식은 매도되어야 하고 과소평가된 주식은 매입함으로써 추가자금이나 추가위험을 부담하지 않는 상태에서 이익을 얻고자하는 거래가 가능하다. 이를 차익거래(arbitrage trading)라고 한다.

차익거래는 두 개 시장에서 가격이 다른 물건이 있을 때, 한 곳에서 사서 다른 시장에서 파는 방식이다. 이는 일물일가의 법칙이 깨진 틈을 이용하여 무위험으로 초과수익을 내는 것이다. 이 점이 일정 리스크를 부담하는 투기, 혹은 투자와의 차이점이다.

이 같은 사례는 주식시장과 주가지수선물옵션시장에서 자주 일어난다. 현물지수와 선물지수, 옵션의 가격 간의 괴리가 나타날 때, 비싼 쪽을 팔고 싼 쪽을 사는 형태이다. 주가지수선물시장에서 선물가격이 현물가격에 금융비용을 가산하여 산출한 가격(이론가격)과 차이가 있을 때 그 차이를 이용하여 수익을 내는 거래다. 즉, 선물가격이 이론가격보다 높은 경우 선물을 매도하고 현물 주식을 매수하는 '매수차익거래', 선물가격이 이론가격보다 낮은 경우 선물을 매수하고 현물주식을 매도하는 '매도차익거래'를 수행하게 된다.

자본자산가격결정모형을 이용하여 산출된 기대수익률은 재무적 의사결정에 필수적인 요구수익률의 결정에 영향을 미친다. 균형시장에서는 모든 개별자산의 베타 1단위당 위험프리미엄은 $\frac{[E(R_M)-r_f]}{\beta_M}=[E(R_M)-r_f]$와 같아야 한다. 만약 어떤 개별자산의 베타 1단위당 위험프리미엄이 작은 경우 그 자산의 수요가 감소하여 가격이 하락하게 된다. 가격이 하락하면 그 자산의 기대수익률은 상승하고 이로 인해 그 자산의 위험프리미엄이 커지게 된다. 위험프리미엄이 커짐으로 인해 그 자산의 베타 1단위당 위험프리미엄이 $[E(R_M)-r_f]$와 동일해질 때까지 상승한다.

4. 물가상승 등의 고려

투자결정시 반드시 물가상승 등을 고려해야 한다. 만약 물가상승이 예상되는 경우 무위험이자율도 증가할 수 있다. 이렇게 무위험이자율이 증가할 경우 SML은 수평상승한다고 추정해야 한다.

이때 주의할 점은 무위험이자율이 변해도 SML의 기울기인 $E(R_M)-r_f$는 변하지 않는다는 것이다. 왜냐하면 M의 기대수익률은 (무위험이자율+시장위험프리미엄)으로 구성되므로, SML의 기울기=시장위험프리미엄이기 때문이다. 반면, 시장참여자의 위험회피 정도가 커지는 경우 요구하는 위험보상의 크기가 증가할 것이므로 SML의 기울기는 커진다. 이는 물가상승 등에 따른 시장이자율의 변화가 요구수익률에 반영돼야 한다는 것이다.

5. 증권시장선의 이용

증권시장선은 투자결정이나 자본조달결정 등에 중요한 의사결정기준으로 활용된다.

첫째, 위험투자안의 요구수익률을 산출할 수 있다. 증권시장선은 주주입장에서 투자한 개별증권의 요구수익률과 기업입장에서 생산시설투자안의 요구수익률을 평가할 때 이용할 수 있다.

둘째, 투자의사결정의 기준으로 활용된다. 이는 투자안의 위험이 얼마나 되는지를 베타로 측정한 후, 투자안과 동일한 위험을 부담하면서 시장에서 얻을 수 있는 수익률의 관계에 의해 결정한다. 즉, 투자자는 투자안별로 투자수익률과 계산된 SML을 비교하여 그것보다 큰 값일 경우 투자를 결정한다.

셋째, 자본자산의 가격을 측정할 수 있다. 증권시장선은 또 균형시장에서 해당 자산에 의해 발생되는 기대현금흐름의 추정을 통해 자본자산의 가격결정과정을 도출해낼 수 있다. 이것이 자본자산가격결정모형(CAPM)이다.

넷째, 자본비용을 추정하는 데 이용된다. 자본조달 결정시 요구되는 최소한의 수익률인 원천별 자본비용을 비교해 자본비용이 가장 낮은 조달원천을 선택할 수 있다.

마지막으로 기업의 원천별 자본비용을 합산한 가중평균자본비용(총자본비용)을 통해 기업가치 평가에도 응용된다. 일반적으로 자본조달원천별 산출된 가중평균자본비용이 최소인 점이 기업가치가 최대인 점이므로 기업가치 극대화를 위한 자본조달 방법을 선택할 수 있다.

활용과 응용

본 장을 학습한 후 균형시장에서 자본자산의 가격을 계산할 수 있어야 한다. 자본자산의 가격이 설정되면 투자자는 자본자산이 가격과 자신의 기대수익과 비교해 미래 기업의 가치가 가장 큰 투자안을 선택하는 방법을 알고 활용할 수 있어야 한다.

- 자본자산가격결정모형의 기본가정의 문제점을 완화해서 적용할 수는 없는가?
- 투자대상별 포트폴리오위험을 최대한 줄이는 방안은 무엇인가?
- 베타계수는 무엇이며 투자결정 시에 어떻게 활용할 수 있는가?
- 자본시장선과 증권시장선의 근본적인 차이는 무엇이며 적용시 문제점은?
- CAPM에 의한 자산의 계산과정 및 평가과정을 설명할 수 있는가?

제 8 장

가치와 가격

학습목표

본 장은 재무관리자가 투자결정시 가치와 가격의 갭을 확인하고 그 차이가 나는 이유를 학습한다. 기업의 보유자산인 주식과 채권의 가치평가를 통해 가치투자의 중요성 및 가치투자의 성공전략을 알아본다.

- 가치와 가격의 차이
- 효율적 시장과 차익거래
- 투자이익을 확보하는 방안
- 기업의 보유자산별 가치평가방법과 가치평가의 중요성
- 주식과 채권의 가치평가모형
- 투자가치와 가치투자
- 가치투자의 적용방안 및 성공전략

제1절 가격과 가치의 개념

1. 시장가격과 내재가치의 측정

투자자는 투자결정을 할 때 해당 투자안을 선택하면 얼마를 벌 수 있으며(수익성) 그 금액을 벌 수 있는 것이 확실하냐(불확실성)가 주요 관심사이다. 따라서 투자대상을 찾을 때 먼저 투자이익을 추산하고 투자대상별 위험을 고려해 투자시점의 현재가치나 미래가치로 평가한다. 일반적인 투자이익의 현재가치는 다음과 같이 간단하게 계산된다.

투자이익의 현재가치 = 투자수익의 현가 − 투자비용의 현가

투자이익이 어떻게 발생할까? 투자이익은 투자대상의 가치가 투자비용 이상으로 상승할 때 발생한다. 투자이익이 증가하는 것을 무엇 때문일까? 그 이유는 투자안의 미래 현금흐름창출능력이 증대(호재)되는 경우와 투자시점에 정보 부재로 낮게 평가(저평가)된 경우로 나눠 볼 수 있다.

시장가격이란 어떤 자산이 시장에서 수요와 공급에 의해 결정되는 거래가격이다. 반면, 내재가치란 어떤 자산의 진정한 값어치를 말한다. 소득접근법에 의하면 내재가치는 자산에서 발생하는 미래현금흐름의 현재가치로 평가된다. 각 시점별 자산의 내재가치는 현금흐름을 이용하여 구할 수도 있고, 미래가치를 이용해서 구할 수도 있다.

투자이익 = 내재가치 − 시장가격

완전한 자본시장이라면 자산의 내재가치와 시장가격이 일치해야 한다. 그

러나 효율적인 시장에서도 같은 투자안에 대해 투자자의 평가가 상반될 수도 있다. 그래서 같은 시장 내에서도 하나의 자산가격이 서로 다르게 거래되는 가격과 가치의 괴리가 생기는 것이다. 시간이 지나면 결국에는 자산의 진정한 값어치인 내재가치가 수정되어 시장가격이 변하는 과정을 거친다. 이를 일컬어 새로운 정보가 시장가격에 반영된다고 한다.

2. 효율적 시장과 차익거래

효율적 시장은 어느 증권에 대한 정보가 신속·정확하게 가격에 반영되어 적정한 가격에 거래가 이루어지고(정보의 효율성), 거래비용이나 세금과 같은 시장마찰적 요인이 존재하지 않아 원활하게 거래가 이루어져(운영의 효율성), 시장자금이 적재적소에 배분되는(분배의 효율성) 시장을 말한다.

효율적인 시장이라면 시장가격과 내재가치가 동일하여 항상 적정한 가격으로 시장에서 거래될 것이다. 이러한 상태의 시장가격을 균형가격이라 하며, 균형가격은 결국 내재가치와 동일하다. 일물일가의 법칙이란 동일자산은 그 내재가치도 같으므로 동일한 시장가격에 거래되어야 한다는 것이다.

새로운 정보로 시장이 불균형상태가 되는 경우 시장가격이 다르게 형성된 동일한 자산을 낮은 가격에 매입하여 높은 가격에 매도하는 방식으로 이득을 얻을 수 있다. 투자자들의 상당수는 일시적인 가격과 가치의 괴리를 이용한 차익거래를 통해 투자이익을 챙긴다. 차익거래에 의한 수요와 공급의 변동으로 다시 일물일가의 법칙이 성립하게 되면 차익거래의 기회는 사라지게 된다.

3. 투자이익의 확보방안

투자자의 입장에서 성공투자를 하려면 투자목표기간 내 자산의 가치가 급상승하는 호재가 예상되거나 저평가된 투자대상을 찾아야 한다. 투자대상을 찾았다면, 투자안의 사이클을 예측하면서 목표기간 내 투자이익을 획득할 수 있는 타이밍이나 방안을 찾아내야 한다.

투자자가 시장가격과 내재가치를 비교해 투자이익의 확보방안을 찾을 수 있다. 가령 시장상황의 변화에 의한 내재가치만큼 상승하면 그 차액을 챙길 수 있다는 것이다. 결국 자산의 투자수익률이 시장이자율보다 크다면 내재가치가 시장가치보다 크므로 과소평가된 것으로 판단할 수 있다. 과소평가된 투자대상을 찾으면 내재가치와 시장가치의 차이만큼 투자이익을 확보할 수 있다.

- 투자수익률 > 시장이자율 → NPV > 0 → 내재가치 > 시장가치: 과소평가
- 투자수익률 < 시장이자율 → NPV < 0 → 내재가치 < 시장가치: 과대평가

제2절 기업의 가치평가

1. 기업의 가치평가 개념

자산의 가치는 자산보유에 따른 미래 현금흐름(CF: Cash Flow)의 크기와 현금흐름의 발생시기(timing of cash flows), 위험도를 고려한 할인율(discount rate) 등 3개의 요인에 의해 결정된다.

일반적으로 자산의 가치를 평가할 때 그 자산으로부터 발생되는 미래의 기대현금흐름을 그 발생시기와 위험도에 따라 적절하게 할인하여 계산한다. 가령 기업의 가치는 기업이 벌어들일 미래 현금흐름을 그 발생시기와 불확실성에 따라 적절하게 할인한 현재가치의 총합으로 계산한다. 기업가치는 다음 〈식 8-1〉과 같이 계산할 수 있다.

$$V=\frac{CF_1}{(1+r_1)}+\frac{CF_2}{(1+r_1)(1+r_2)}+\cdots+\frac{CF_n}{(1+r_1)(1+r_2)\cdots(1+r_n)} \quad (8\text{-}1)$$

여기서 V: 기업의 가치

CF_n: n시점의 현금흐름

r_i: i시점 현금흐름의 위험정도를 반영한 할인율

위 계산식에서 할인율이 변하는 등 복잡하므로 매기의 할인율이 동일하다고 가정을 하면 〈식 8-2〉와 같이 간단한 모형에 의해 계산할 수 있다.

$$V=\frac{CF_1}{(1+r)}+\frac{CF_2}{(1+r)^2}+\frac{CF_3}{(1+r)^3}+\cdots+\frac{CF_n}{(1+r)^n}$$

$$=\sum_{n=1}^{n}\frac{CF_n}{(1+r)^n} \quad (8\text{-}2)$$

여기서 r은 매기간의 할인율

위의 계산식에서 볼 수 있는 바와 같이 수익을 증가시키기 위해 고정자산에 대한 투자를 늘릴수록 미래현금흐름이 증가하면서 기업의 경영위험(business risk)도 증가한다. 또 부채의존도가 높을수록 기업의 재무위험(financial risk)도 증가하게 된다.

현금흐름의 발생시기도 기업의 가치에 영향을 미친다. 동일한 현금흐름이라고 하더라도 발생시기가 가까울수록 기업의 가치는 증가한다. 여기에다 할인율의 크기도 기업의 가치에 영향을 미친다. 할인율이 크면 기업의 가치가 감소하게 되고 할인율이 작으면 기업의 가치가 증가하게 된다. 기업가치의 평가는 기업이 보유하고 있는 총자산가치로 나타낼 수 있고 이는 기업이 보유하고 있는 주식의 총시장가치와 부채의 총시장가치를 합한 것이다.

2. 기업의 보유자산별 가치평가방법

(1) 주식의 가치평가

주식(stock)은 주식회사 등이 주주로 참여한 투자자들에게 회사의 자산과 수익에 대한 소유권을 나타내는 증권이다. 주식에는 일반적으로 의결권이 있는 보통주(common stock)와 의결권이 없고 배당과 잔여재산분배에 우선권이 있는 우선주(preferred stock)가 있다. 기본적으로 주식은 자기자본이므로 변제할 필요가 없다. 주식의 가치는 장기적으로 주식의 미래현금흐름인 배당금의 증감에 따라 평가된다.

1) 기본적인 주식평가모형

주식의 가치는 주식을 보유함에 의해 발생하는 미래현금흐름의 현재가치에 의해 산출할 수 있다. 즉, 주식의 내재가치는 주식을 보유한 경우 미래에 유입되는 배당금(dividcnd)의 현가와 주식을 처분했을 때 처분금액의 현재가치로 환산할 수 있다. 주식에 투자했을 경우 주식의 현재가치(P_0)는 〈식 8-3〉과 같이 계산할 수 있다.

$$P_0 = \frac{D_1}{1+r} + \frac{D_2}{(1+r)^2} + \frac{D_3}{(1+r)^3} + \cdots \tag{8-3}$$

D_i: i기의 배당금

r: 매기의 할인율

보통주의 현재가치는 미래에 기대되는 배당금의 현재가치와 동일하다. 비록 투자자가 주식을 영구적으로 소유하지 않고 일정기간 후 매도한다 하더라도 그 판매가격은 매도시점에 발생하는 배당금액에 의해 결정되므로 결국 주식의 가치는 보유기간에 관계없이 결정된다. 주식의 현재가치를 구할 때 적용할 적절한 할인율은 주주의 요구수익률인 자기자본비용이 된다.

2) 무성장 주식의 평가모형

매년 동일한 순이익이 발생한다고 할 때 이를 전액 배당하게 되면 기업은 추가자금을 조달하지 않는 이상, 새로운 투자안에 투자할 수 없게 된다. 이 경우 기업의 성장도 없을 것이다.

주식의 배당금이 매년 D_1으로 일정하다면, 즉 성장이 없는 주식(zero growth stock)의 현재가치는 〈식 8-4〉와 같이 계산할 수 있다.

$$P_0 = \frac{D_1}{1+r} + \frac{D_1}{(1+r)^2} + \frac{D_1}{(1+r)^3} + \cdots = \frac{D_1}{r}$$

$$P_0 = \frac{D_1}{r} = \frac{EPS_1}{r} \qquad (8\text{-}4)$$

EPS: 주당배당금(Earning Per Share)

3) 고정성장률 주식의 평가모형

매년 동일하게 발생하는 순이익 중 일부분을 유보하여 이를 재투자하게 되면 추가투자수익을 얻을 수 있게 되어 기업의 순이익은 성장하게 된다. 이 경우 순이익 중 일정부분을 차지하는 배당금도 증가하여 주식가치가 성장하게 된다.

만약 주식의 배당금이 매년 일정한 비율 g로 증가한다고 가정한다면 이 주식의 각 연도말의 배당금은 〈식 8-5〉와 같이 나타낼 수 있다. 이를 고정성장률모형 혹은 항상성장모형(constant growth valuation model)이라고 한다.

$$P_0 = \frac{D_1}{1+r} + \frac{D_1(1+g)}{(1+r)^2} + \frac{D_1(1+g)^2}{(1+r)^3} + \cdots = \frac{D_1}{r-g} \quad (\text{단, } r > g) \quad (8\text{-}5)$$

g: 성장률

4) 성장기회 주식의 평가모형: NPVGO모형

성장기회 평가모형에 의하면 현재 주식의 내재가치는 미래성장기회가 없다고 가정할 때의 주가(무성장주가)에 성장기회의 순현재가치(NPVGO)를 합한 것이다. 만약 높은 수익률로 성장하는 기업의 경우 성장기회에 대한 가격의 반영이 필요하다. 이 기업은 높은 수익을 얻기 위해 순이익 중 일부를 유보하여 투자함으로써 갖는 성장기회의 순현가(net present value of the growth opportunity: NPGO)만큼 증가하게 된다. 이 주식의 각 연도말의 배당금은 〈식 8-6〉과 같이 나타낼 수 있다.

$$P_0 = \text{성장없는 주식의 현재가치} + \text{성장기회의 순현가}$$

$$= \frac{EPS_1}{r} + NPVGO \qquad (8\text{-}6)$$

단, $NPVGO$: 성장기회의 순현가

(2) 채권의 가치평가

1) 채권의 개념

채권(bond)은 일정한 기간동안 정기적으로 약정된 이자를 지급하고 만기에 원금, 즉 채권의 액면가를 상환할 것을 약속한 증서이다. 따라서 채권의 내재가치는 미래에 유입되는 이자와 원금의 현재가치로 환산할 수 있다. 채권을 발행할 때는 채권의 액면가(face value)와 액면이자율(coupon rate), 만기(maturity)의 세 가지가 반드시 표시되어야 한다.

채권은 일반적으로 발행주체, 이자지급방법, 보증 유무, 상환기간, 이자지급률 변동 유무에 따라 분류한다. 채권을 발행주체에 따라 분류하면 국채, 지방채, 특수채, 금융채 및 회사채 등으로 나눌 수 있다.

채권은 또 이자지급방법에 따라 순수할인채권(무이표채)과 확정이자부채권(이표채)으로 나눠진다. 순수할인채권(pure discount bond or zero-coupon bond)은 이자를 지급하지 않고 만기일에 원금만 상환하는 채권이다. 확정이자부채권(level-coupon bond)은 만기까지 확정된 액면이자(C)를 매 기간 말에 지급하고 만기일에는 원금(F)이 상환되는 채권이다.

순수할인채권과 확정이자부채권의 각 종류별 현금흐름과 계산식을 나타내면 다음과 같다.

[채권의 현금흐름]

	0	1	2	⋯⋯	$n-1$	n
순수할인채권 :	⋯⋯	⋯⋯	⋯⋯	⋯⋯	⋯⋯	F
확정이자부채권:	⋯⋯	C	C	⋯⋯	C	$F+C$

[채권의 가치계산]

- $PV(\text{순수할인채권}) = \dfrac{F}{(1+r)^n}$ (8-7)

- $PV(\text{확정이자부채권}) = \dfrac{C}{1+r} + \dfrac{C}{(1+r)^2} + \cdots + \dfrac{F+C}{(1+r)^n}$ (8-8)

F: 원금

C: 액면이자

2) 채권의 가격변화

채권은 일반적으로 일정한 기간 동안 정기적으로 약정된 이자를 지급하고 만기일에 원금을 상환한다는 조건으로 발행된 증권이다. 채권은 발행 후 상환될 때까지 시장이자율의 변동에 따라 가격이 등락한다.

만약 시장이자율이 액면이자율보다 높다면 투자자들이 채권을 매수하려하지 않게 된다. 채권가격이 시장이자율의 상승을 감안한 채권가격이 떨어지면 채권을 구매하려 할 것이다. 이 때는 할인발행해야 한다. 반대로 시장이자율이 액면이자율보다 낮다면 채권에 대한 선호도가 높아져 상대적으로 가격이 상승한다. 이 때 할증발행할 수 있다.

- 시장이자율 > 액면이자율 → 채권가격 < 액면가격: 할인발행채권
- 시장이자율 = 액면이자율 → 채권가격 = 액면가격: 액면발행채권
- 시장이자율 < 액면이자율 → 채권가격 > 액면가격: 할증발행채권

(3) 기업과 투자안의 가치평가 응용

기업의 내재가치는 기업이 영업활동을 통해 발생시키는 미래 현금흐름의 현재가치이다. 그리고 투자안의 내재가치 역시 투자안으로 인해 추가적으로 유입되는 미래 현금흐름의 현재가치이다. 이 때 투자안의 가치평가 시 주의할 사항은 투자로 인해 증가되는 증분 현금흐름을 이용하여 판단해야 한다. 왜냐하면 기업이 추가적으로 투자를 한 경우 기업가치는 추가투자안의 가치만큼 증분 현금흐름을 평가하는 것이 가장 바람직한 평가방법이기 때문이다.

기업가치(enterprise value: EV)는 기업이 앞으로 벌어들일 총수익을 이자율로 할인해 현재 시점에서 그 가치를 산출한 값이다. 이 수치가 현재보다 높아질 기업이나 투자안은 앞으로 주가(가격)가 상승할 것으로 예측이 가능하다. 이처럼 기업보유자산의 가치평가를 통해 가격과 가치의 비교 후 투자대상을 결정할 수 있다.

제3절 투자가치와 가치투자

1. 투자가치의 측정

일반적으로 투자가치는 그 자산이 장래에 창출해내는 소득을 투자자의

기대수익률로 자본환원한 현재가치의 총 합계로 정의할 수 있다.

미래현금흐름의 예측이 가능하다면 쉽게 계산할 수 있을 것이다. 하지만 대부분 투자안 현금흐름의 추정은 쉽지 않다. 가령 채권의 투자가치는 장래의 수취이자(할인발행시에는 상환시까지의 차익도 가산)를 기대수익률로 할인한 현가로 구할 수 있다. 이 경우 투자기간이나 이자율이 발행조건으로 확정되기 때문에 투자가치의 계산이 비교적 쉽다. 그러나 주식은 장래에 예상되는 배당금과 기업의 경영성과 역시 유동적이기 때문에 주식의 투자가치는 계산하기 매우 어렵다.

2. 가치투자의 개념과 유형

가치투자는 기업의 가치성장에 믿음을 둔 주식 현물 투자전략을 말한다. 그리고 가치투자를 지향하는 주식 현물 투자자들을 가치투자자라고 부른다. 기업의 가치를 구성하는 요소에는 순자산가치, 성장가치, 수익가치와 기타 무형의 가치들이 있다. 이에 따라 가치투자자들도 순자산가치에 중점을 두고 투자하는 자산가치형 투자자, 성장가치에 중점을 두고 투자하는 성장가치형 투자자 등으로 다양하게 나뉜다.

가치투자의 창시자는 벤저민 그레이엄이다. 그는 처음으로 주식의 가격은 회사의 가치와 관계가 있다는 이론적 주장을 폈고, 회사의 가치는 회사가 벌어들이는 돈과 회사가 가지고 있는 순자산가치에 따른다고 보았다. 벤저민 그레이엄 이전에 주식은 그저 하루하루 시세가 변동하는 투기 대상일 뿐이었다. 그러나 벤저민 그레이엄 주장 이후 수많은 가치투자 추종자들이 생겨나면서 주가는 기업의 가치를 따른다고 믿는 가치투자자들이 주류로 떠올랐다. 가치투자자들은 회사 지분의 일부를 사서 회사를 소유한다는 마인드로 투자를 하며 비교적 장기투자를 영위하는 투자자들이 많다.

3. 가치투자의 적용방안

가치투자로 성공하려면 투자대상이 실제로 얼마의 가치를 갖고 있는지를 장기적으로 파악해야 한다. 그렇게 해야 시장에서 거래되는 해당 주식의 가격이 싼지 비싼지를 정확히 알 수 있고, 주식의 매수와 매도 시기(timing)를 결정할 수 있다. 기업의 내재가치는 어떻게 구하는가?

워렌 버핏은 기업의 내재가치를 "해당 기업(비즈니스)이 향후에 벌어들일 수 있는 현금을 현재가치로 할인한 값"이라고 정의한다. 이를 절대적 평가법이라고 한다. 예를 들어 어느 기업이 해마다 1억 원씩의 현금을 벌어들인다면 이 기업의 내재가치는 약 16억 6,600만원이 된다. 이는 대출이자율 6퍼센트를 할인율(discount rate)로 가정해 환산한 금액이다.

할인율을 얼마로 해야 할지와 미래 수익이 얼마가 될지를 추정하는 것은 쉽지 않다. 절대적 평가법의 하나인 현금흐름할인법(DCF: discounted cash flow)의 문제이다. 워렌 버핏은 "내재가치를 매우 주관적인 값으로 구하게 되는데, 이는 미래의 현금흐름의 추정치가 변하고 이자율이 변하기 때문"이라고 밝히고 있다. 워렌 버핏은 주가수익률이나 현금흐름, 순이익, 감가상각 등을 고려한 주주 수익지표를 만들어 장래 성장성이 있는 가치주를 선택해 장기적인 투자수익을 올렸다. 철저한 회사의 내재가치 평가에 기반을 둔 평가를 중요시했다. 절대적 평가법의 한계를 보완하기 위해 생겨난 방법이 상대적 평가법이다.

상대적 평가법이란 주가수익비율(PER: price earnings ratio), 주가매출액비율(PSR: price sales ratio), 주당순이익(EPS: earnings per share), 시가총액(MC: market capitalization), 주당순자산(PBR: price book-value ratio), EV / EBITDA 등을 이용해 기업의 가치와 적정 주가를 따져보는 것이다.

기업가치 평가를 정확하게 하기 위해서는 해당 기업의 보유자산에 대한 적합한 평가법이 무엇인지를 알아내고 한계가 무엇인지를 따져보는 게 중요하다. 기업의 가치 평가를 마쳤다면 안전마진(margin of safety)을 고려해야 한다. 안전마진이란 기업의 내재가치와 시가총액의 차이 혹은 적정 주가와 주식시장에서의 주가와의 차이다. 워렌 버핏은 안전마진의 확보가 중요하다고 설명하고 있다.

활용과 응용

본 장을 학습한 후 투자대상의 가치와 가격의 차이를 사전에 예측하고 보유자산별 가치평가를 통해 투자이익의 극대화하는 방안을 수립할 수 있어야 한다. 그리고 가치투자로 자신의 성공적인 투자모형을 구축해나갈 수 있어야 할 것이다.

- 자산의 내재적 가치와 시장가격의 차이는 왜 생기는가?
- 현재시점에서 투자이익을 확보할 수 있는 투자대상을 제시하시오.
- 투자자가 차익거래를 하는 이유를 설명하시오.
- 주식과 사채 등 자본조달 유형별 가치를 계산할 수 있는가?
- 시장이자율이 증가하면 사채의 가격은 왜 떨어지는가?
- 워렌 버핏이 가치투자로 성공한 이유는 무엇인가?
- 가치투자의 성공적인 전략을 제시할 수 있는가?

제 3 편

자본조달과 자본구조

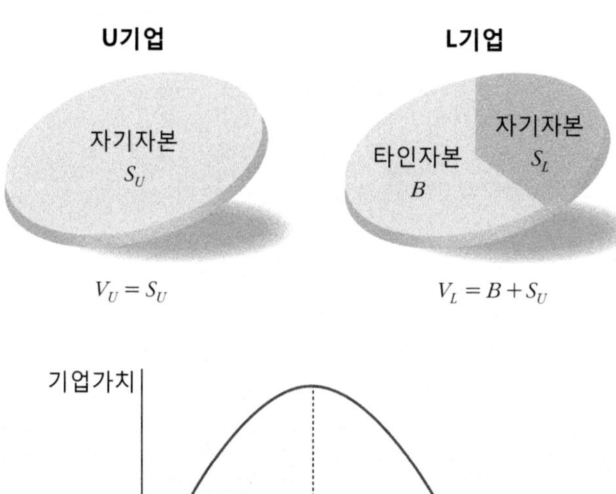
U기업
자기자본
S_U
L기업
타인자본
B
자기자본
S_L
$V_U = S_U$
$V_L = B + S_U$
기업가치
부채사용
적정부채

제 9 장

자본조달과 자본비용

학습목표

본장에서는 기업의 장단기 자본조달방법을 학습하고 기업의 가치를 극대화하기 위한 기업의 다양한 자본조달전략을 알아본다. 자본조달원천별 자본비용의 계산을 통해 최저의 자본비용으로 조달할 수 있는 방안과 기업가치 간의 관계를 이해해야 한다.

- 자본의 종류와 개념
- 기업의 자본조달방법과 자본조달결정 기준
- 자본비용의 의의와 역할
- 자본조달원천별 가중평균자본비용의 계산
- 가중평균자본비용과 기업가치의 관계
- 한계자본비용과 투자기회선의 관계

제1절 자본조달의 방법

1. 자본의 종류

상법에서 자본(capital)이라고 하면 자본금을 의미하며 회계적 측면에서의 자본은 부채에 대응되는 자본금과 잉여금을 말한다. 본 장에서 자본은 [그림 9-1]과 같이 재무상태표 대변에 기재된 모든 자본 즉, 자기자본(자본)과 타인자본(부채)을 통칭한다. 재무상태표의 대변은 기업의 자기자본과 타인자본의 조달 결과이다.

기업의 재무목표를 달성하기 위해 자기자본과 타인자본을 어떤 비율로 얼마만큼 조달하는 것이 합리적인 방안일까? 자본조달은 투자활동을 통해 자산형태를 취하고 자산운용 등과 연계된다. 그러므로 자본과 자산 사이에는 등가관계가 존재한다. 이하 다양한 자본조달의 종류와 조달방법에 대해 살펴본다.

❙그림 9-1❙ 재무상태표의 구성항목

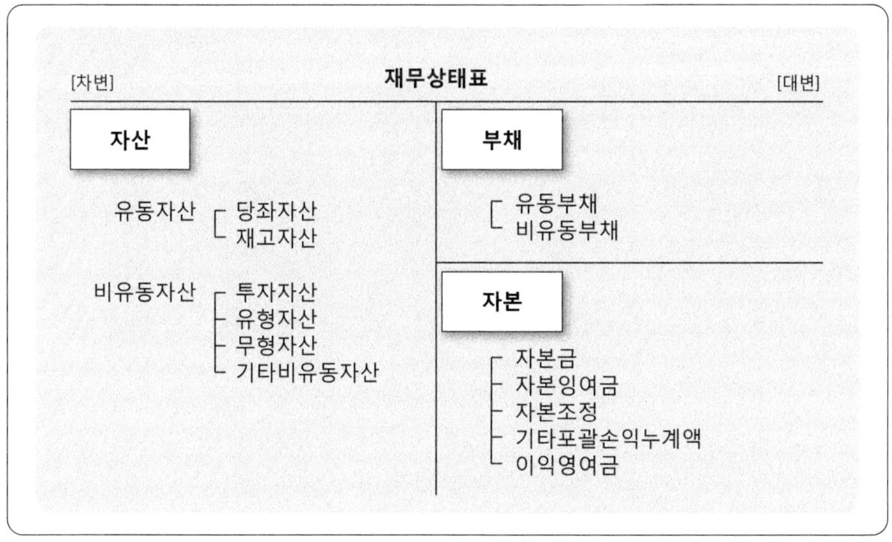

(1) 자기자본과 타인자본에 의한 조달

회계상 자본은 기업 내부의 자기금융에 의해 조달되는 자기자본과 기업 외부의 타인금융에 의해 조달되는 타인자본으로 구분된다. 즉, 재무상태표상 대변항목 가운데 자기자본은 주식발행이나 출자금, 기금 등 출자자로부터의 조달과 기업에 의해 창출된 충당금과 적립금 등의 자본잉여금, 이익잉여금 등과 같은 내부유보자금(자기금융)으로 조달할 수 있다.

자기자본의 가장 중요한 특징은 기업의 법적 소유자인 주주에게 귀속되는 주주지분이기 때문에 원칙적으로 변제할 필요가 없다. 반면 타인자본은 자기자본과 달리 약속된 날짜에 상환해야 하는 부채이므로 기한부 자본이라 할 수 있다.

(2) 장기자본과 단기자본의 조달

타인자본은 상환기간의 장·단에 따라 단기자본과 장기자본으로 구분할 수 있다. 타인자본을 조달하는 방안에는 장기자본조달과 단기자본조달 원천으로 나눌 수 있다. 단기자본조달은 유동부채를 통한 조달로, 단기차입금과 매출채권금융, 재고자산금융, 기업어음 등이 있다. 장기자본조달방법에는 주식과 자기금융 등에 의한 자기자본에 의한 장기자본조달과 장기차입금과 회사채, 외자도입, 해외전환사채, 리스 등 타인자본에 의한 장기자본조달이 있다.

자본조달의 원천은 상환기간의 길고 짧음에 따라 장기자본과 단기자본 조달원천으로 구분된다. 장기와 단기의 구별은 통상 1년의 기준이 사용된다. 자기자본은 변제의 필요가 없는 반영구자본이기 때문에 장기간 사용가능한 장기자본이다.

표 9-1 자본조달의 방법

구분		자본조달방법
장기자본	자기자본	주식(창설자본, 증자: 보통주, 우선주), 자기금융(유보이익, 충당금과 적립금)
	타인자본	장기차입금, 회사채, 신주인수권부사채(BW), 전환사채(CB), 리스, 외자도입
단기자본	타인자본	단기차입금, 매출채권금융, 재고자산금융, 기업어음, 환매채(RP)

(3) 외부금융과 내부금융

기업의 자본조달원천은 또 기업 외부로부터 자금조달(외부금융)과 기업 내부로부터의 자금조달(내부금융)로 나눌 수 있다.

외부금융은 부채 등에 의해 조달되는 차입금융과 주주로부터 조달되는 출사금융이나. 즉 외부금융은 사채, 차입금, 주주의 출자자본인 주식 등으로 구성된다. 내부금융은 기업의 순이익의 일부인 내부유보와 감가상각 및 감채기금 등에 의해 회수되는 충당금과 적립금 등이다. 이는 자기금융이라고 한다.

2. 자본조달의 결정

일반적으로 기업은 투자대상의 특성에 따라 고정자산에 필요한 자금은 장기자본으로 조달하고 유동자산에 필요한 자금은 단기자본으로 조달한다. 기업의 자본조달의 결정은 투자결정과 연계하여 자본비용의 최소화와 기업가치의 극대화라는 두 가지를 목표를 조화시켜야 한다. 그리고 자본제공자인 투자자의 입장을 고려하여 투자자의 수익성 추구욕구를 만족시켜야 하는 의무와 부담을 진다.

| 그림 9-2 | 장기자본의 조달방안

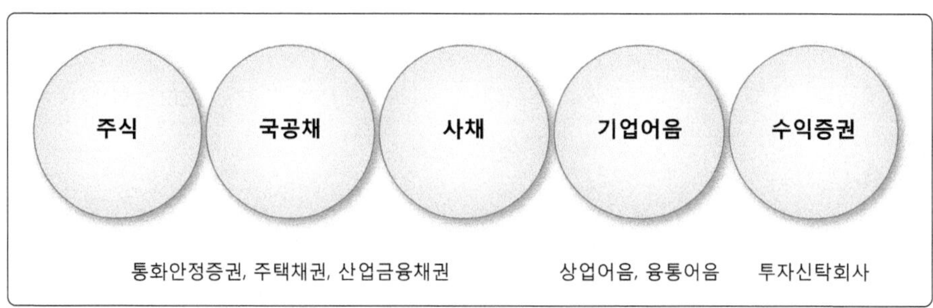

장기자본조달은 [그림 9-2]와 같이 주식이나 사채 등 다양한 조달방법을 동원한다. 이는 장기자본 중 주식에 의한 자본조달은 경영지배권과 관계되고 회사채와 장기차입금 등의 증가는 기업의 부채비율을 증가시켜 기업의 재무건전성의 문제를 야기한다. 따라서 기업의 재무관리자는 자본비용이 최소화되고 기업가치를 극대화하면서 경영위험을 극소화하는 관점에서 자본조달방안을 수립해 조달해나가야 할 것이다.

제2절 자본비용

1. 자본비용의 의의와 역할

(1) 자본비용의 의의

자본비용(cost of capital)이란 기업 등이 자본을 사용하는 대가로 자본공급자에게 최소한 지급해야 하는 비용으로서 수익률개념으로 측정한 수치이다. 예를 들면, 기업이 필요한 자금을 은행에서 차입하는 경우 차입금에 대한 지급이자와 추가 관련 비용 등을 합한 부담액이 자본비용이다.

자본비용(k)은 투자자 입장에서는 자본제공에 대한 대가 즉, 요구수익률과 같고, 기업의 입장에서는 자본투자로부터 획득하여야 될 필수수익률과 같다. 이와 같은 뜻에서 보면 자본비용은 기업의 현재가치를 하락시키지 않기 위해 신규투자로부터 획득하여야 할 최소한의 수익률 또는 거부율이라고 정의할 수 있다. 여기서 자본비용은 기존의 영업활동을 위해 이미 조달된 자본에 대한 역사적 비용이 아니라 새로운 투자를 위해 새로 조달되는 자본에 대한 필수수익률을 의미한다.

일반적으로 기업의 자본비용은 기업의 모든 자본예산 투자안에 대한 투자자들의 요구수익률로서 그 기업의 가중평균자본비용을 의미한다. 가중평균자본비용(WACC: weighted average cost of capital)은 자금의 출처별 개별자본비용을 구한 다음, 이들을 자본의 구성비율인 자본구조의 가중치에 따라 가중평균함으로써 〈식 9-1〉에 의해 산출된다.

$$k_o = \left(\frac{S}{B+S}\right)k_S + \left(\frac{B}{B+S}\right)k_B \tag{9-1}$$

k_o: 가중평균자본비용

S: 자기자본

B: 타인자본

k_S: 자기자본비용

k_B: 타인자본비용

(2) 자본비용의 역할

자본비용(cost of capital)은 경영자가 기업의 재무목표를 달성하기 위해 그 기업의 투자결정, 자본조달결정 및 배당결정 등 재무기능을 수행하기 위한 기준이 된다.

첫째, 기업의 투자결정 지표로 사용된다. 이는 투자의 경제성을 측정하는데 있어서 화폐의 시간적 가치를 반영한 현금흐름할인방법을 활용한 자본비용의 산출을 전제로 하고 있다. 자본비용은 투자결정에 있어서 거부율의 역할을 한다. 이 때문에 자본비용을 그 기업의 가치를 유지시키기 위해 투자로부터 최소한 획득하여야 할 필수수익률이라고도 한다.

둘째, 투자에 필요한 자본조달방법과 자본구조를 결정하는 결정기준이 된다. 최적자본구조는 조달된 자금의 가중평균자본비용이 가장 작은 상태에서만 가능하다.

셋째, 기업의 배당결정이나 리스금융의 이용여부 등 결정기준이 된다. 미래 배당의 현가는 기대배당액과 할인율에 의하여 정해지며, 그 할인율로 자본비용이 이용되고 있다. 또한 자본비용은 이외에도 사채차환의 결정이나 운전자본정책결정에 중요한 기준으로 이용된다.

자본비용은 [그림 9-3]과 같이 투자결정에 있어서는 거부율로, 자금조달결정에서는 기준율로, 미래 배당의 현가 계산에서는 할인율로 적용된다. 이처럼 기업실무에서 자본비용은 기업가치 평가분석과 투자결정의 척도와 기준치로 중요한 역할을 하므로 자본비용의 정확한 측정은 매우 중요하다.

▌그림 9-3▐ 자본비용의 역할

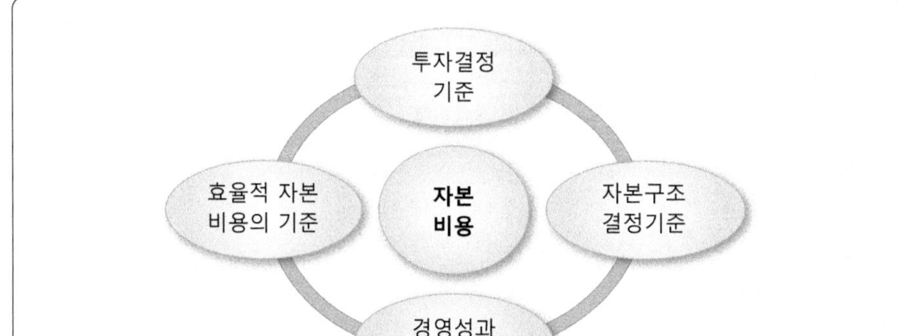

2. 자본비용의 측정

기업의 총자본비용 측정은 쉽지 않다. 일반적으로 기업의 총자본비용은 자본조달원천별 가중평균자본비용(WACC)으로 추정하고 있다.

자본조달의 원천은 크게 부채, 우선주, 유보이익, 보통주로 나눌 수 있다. 부채는 차입 또는 회사채의 발행을 통하여 조달되고, 자기자본은 보통주와 우선주의 발행 및 유보이익에 의해 조달된다. 한편 우선주는 형식상 자기자본에 속하나 부채와 보통주의 특성을 동시에 가지고 있는 혼합증권으로 그 특성이 보통주와는 다르다. 그러므로 재무적 의사결정에 있어 별도의 자본조달 원천으로 다룬다.

흔히들 유보이익은 기업의 내부에 남아 있는 자금이므로 대가 없이 사용할 수 있지 않느냐고 하겠지만 반드시 자본비용을 지급해야 한다. 따라서 자본비용을 측정할 경우 기업이 얻게 되는 이자비용의 세금효과와 새로운 증권의 발행시 기업이 부담하는 발행비용 등에 대한 정확한 측정이 이루어져야 한다.

(1) 원천별 자본비용

1) 부채의 자본비용

타인자본비용(k_d) 또는 부채(debt)의 자본비용은 채권자로부터 자금을 차입할 때 지불하는 대가로, 채권자의 요구수익률이자 채권시장에서 결정된 시장이자율이다.

부채비용은 이자지급액과 원금상환액 그리고 만기가 정해져 있기 때문에 자기자본비용에 비해 비교적 용이하게 파악할 수 있다. 영업활동으로부터 얻는 수익에서 비용을 차감한 세전이익은 법인세 과세대상이 되며 채권자에게 지급되는 이자지급액은 비용에 속하므로 과세대상에서 제외된다. 따라서 부채비용의 산출시 이자비용의 감세효과를 고려하여야 한다.

이자비용의 절세효과(tax shield effect)를 고려한 부채의 자본비용은 〈식 9-2〉와 같이 계산된다. 주의할 점은 시장의 금리변동에 따라 채권가격이 변동하고 부채자본비용도 변화한다는 것이다. 특히 채권의 가격은 시장이자율과 채권의 액면이자율의 관계에 따라 부채의 자본비용도 달라진다.

$$k_d = i(1 - T_C) \tag{9-2}$$

k_d: 부채자본비용

i: 표면이자율 또는 대출이자율

T_C: 법인세율

2) 우선주의 자본비용

우선주(preferred stock)의 자본비용(k_p)은 우선주 배당금을 우선주가격에서 우선주의 발행비용을 차감한 우선주자본조달액으로 나눈 값이다. 배당금은 세후이익으로부터 지불되므로 세금효과를 고려할 필요가 없다.

우선주의 자본비용을 식으로 나타내면 〈식 9-3〉과 같다.

$$k_p = \frac{d_p}{P_n(1 - F_p)} \tag{9-3}$$

d_p: 우선주 배당금

P_n: n기의 우선주 가격

F_p: 우선주 발행비용

3) 유보이익의 자본비용

유보이익(retained earning)의 자본비용(k_r)은 기업의 소요자금을 유보이익으로 조달할 때 기업가치를 현상유지시키기 위해 신규투자로부터 획득하여야 될 필수수익률이다.

기업의 입장에서는 유보이익에 의해 조달된 자본을 재투자할 경우 주주들이 동일한 위험수준에서 대체 가능한 투자기회로부터 획득할 수 있는 최소한의 수익률 이상을 얻어야 한다. 가령, 기업이 유보이익을 재투자해서 주주들이 요구하는 투자수익을 얻을 수 없다면 자기자본의 가치는 하락한다. 유보이익의 자본비용을 구하는 방법으로는 고든의 일정성장모형(항상성장모형)을 활용하면, 유보이익의 자본비용(k_r)은 〈식 9-4〉와 같이 구할 수 있다.

$$k_r = \frac{d_1}{P_0} + g \tag{9-4}$$

P_0: 보통주 시장가치

d_1: 기말의 기대배당금

g: 성장률

4) 보통주의 자본비용

보통주(equity=common stock)의 자본비용(k_e)은 주주로부터 자금을 투자받을 때 지불하는 대가로서, 주주의 요구수익률이자 수식시상에서 결정된 시장이자율이다.

보통주의 자본비용은 자기자본에 대한 주주의 요구수익률이므로 개념상 유보이익의 자본비용과 같다. 그러나 기업의 입장에서 새로운 주식을 발행하여 자본을 조달하는 경우 신주 발행비용이 발생되므로 유보이익에 의해 조달하는 경우에 비해 발행비용만큼 적은 금액의 자본이 조달된다. 따라서 보통주의 자본비용은 유보이익의 자본비용에서 발행비용만큼 조정되어야 한다. 보통주의 자본비용(k_e)은 〈식 9-5〉와 같이 두 가지 모형에 의해 계산된다.

① 일정성장모형을 이용하는 경우

$$k_e = \frac{d_i}{P_0(1-F_e)} + g \tag{9-5}$$

d_i: i년도 배당액

P_0: 현시점의 주가

F_e: 보통주주당 발행비용

g: 기대성장률

② 자본자산가격결정모형을 이용하는 경우

자본자산가격결정모형(CAPM)을 이용할 경우 보통주의 자본비용(k_e)은 보통주의 체계적 위험을 반영한 투자자의 요구수익률과 같으므로 〈식 9-6〉과 같이 계산할 수 있다.

$$k_e = r_f + [(E(R_M) - r_f]\beta_i \tag{9-6}$$

r_f: 무위험이자율

$E(R_M)$: 시장포트폴리오의 기대수익률

β_i: i 기업의 베타

(2) 가중평균자본비용

기업이 자본조달원천별로 조달받은 총자금에 대한 가중치를 고려한 자본비용을 가중평균자본비용(WACC 또는 k_0)이라 한다. 자본비용은 투자안에서 발생하는 미래현금흐름의 할인율로 사용된다.

기업은 투자를 결정하기 위해선 조달된 자본의 비용보다 투자수익률이 커야 한다. 재무관리자는 아무리 좋은 투자안이 있더라도 자본조달비용이 높다면 투자로부터 벌어들이는 수익이 그만큼 낮아진다.

일반적으로 총자본비용은 원천별 자본비용에다 자본의 사용비율에 따라 가중치를 부여한 가중평균자본비용으로 계산해 사용하고 있다. 가중평균자본비용은 자본조달원천별 현금흐름을 현재가치로 환산하는 데 사용되는 할인율이며, 또한 투자안의 현금흐름을 현재가치로 환산하는 데 사용되는 필수수익률이다.

부채와 우선주, 유보이익, 보통주의 각 자본조달원천별 자본구성비율에 따른 가중평균자본비용은 〈식 9-7〉과 같이 산출된다.

$$WACC=\left(k_d\times\frac{\text{부채}}{\text{총자본}}\right)+\left(k_p\times\frac{\text{우선주}}{\text{총자본}}\right)+\left(k_r\times\frac{\text{유보이익}}{\text{총자본}}\right)+\left(k_e\times\frac{\text{보통주}}{\text{총자본}}\right) \tag{9-7}$$

단, 총자본=부채+우선주+유보이익+보통주

$$=k_d\cdot w_d+k_p\cdot w_p+k_r\cdot w_r+k_e\cdot w_e$$

$$w_d=\text{부채의 가중치}=\frac{\text{부채}}{\text{총자본}}$$

$$w_p=\text{우선주의 가중치}=\frac{\text{우선주}}{\text{총자본}}$$

$$w_r=\text{유보이익의 가중치}=\frac{\text{유보이익}}{\text{총자본}}$$

$$w_e=\text{보통주의 가중치}=\frac{\text{보통주}}{\text{총자본}}$$

$$w_d+w_p+w_r+w_e=1$$

가중평균자본비용의 산출에 사용되는 가중치의 산출기준을 어디에 두느냐에 따라 장부가치에 의한 가중치, 시장가치에 의한 가중치 그리고 목표가중치로 나누어 볼 수 있다.

제3절 한계자본비용과 최적자본예산

1. 가중한계자본비용

투자자는 추가적 자본조달을 통해 사업을 확장하려할 경우 조달원천별로 자본비용이 얼마나 증가할 것인가가 고민이 아닐 수 없다. 한계자본비용(marginal cost of capital: MCC)은 기업이 필요로 하는 소요자본 한 단위를 추가 조달할 때 발생하는 자본비용의 증가분이다. 새로운 자본투자액에 대한 원천별 한계자본비용을 가중평균한 것이 가중한계자본비용이다.

일정기간 동안 추가자본이 필요해 자본의 조달규모가 커지면 신규로 조달하는 원천별 자본의 가중한계자본비용도 증가한다. 가령, 추가자본을 보통주로 발행하면 주식발행비용 때문에 유보이익에 비해 높은 자본비용이 발생된다. 그러므로 기업은 대체적으로 먼저 필요한 자본을 자본비용이 낮은 순서의 자본부터 조달한다. 통상 자본비용이 낮은 부채와 유보이익, 보통주 순서로 조달한다.

재무관리자는 조달자본액이 증가함에 따라 각각의 단계에서 가중한계자본비용이 가장 낮도록 자본원천을 구성하는 것이 최적자본조달정책이 된다.

2. 한계자본비용선과 투자기회선

한계자본비용은 내부수익률이 서로 다른 잠재적 투자안들을 평가하는 과정에서 기업은 투자수익률이 높은 투자안부터 먼저 수락하게 된다. 이 때 잠재적 투자기회로부터 기대되는 수익률 즉, 내부수익률을 나타내는 선을 투자기회선이라고 한다. 그리고 당해 연도의 신규조달자본의 규모가 증가함에 따른 가중한계자본비용의 변화를 나타내는 선을 한계자본비용선이라 한다.

최적자본예산안(optimal capital budgeting)은 한계자본비용선과 투자기회선이 만나는 점에서 결정하게 된다.

재무관리자가 기업가치극대화 목표를 달성하기 위해서는 접점수준에서 최적자본조달의 원천 및 규모와 최적자본예산의 최적투자규모 등을 결정해야 한다.

활용과 응용

본 장을 학습한 후 기업의 가치를 극대화하기 위한 자본조달방안을 수립하고 조달된 자본의 원천별 비용을 계산할 수 있어야 한다. 추가적인 자본조달을 통한 투자를 할 때 가중한계자본비용과 투자기회선이 만나는 점을 활용해 최적자본예산을 수립할 수 있어야 한다.

- 기업의 가치를 극대화하는 자본조달방안을 수립할 수 있는가?
- 자본조달원천별 조달결정기준은 무엇인가?
- 가중평균자본비용의 계산과 기업의 투자결정기준은 무엇인가?
- 추가자본을 조달할 경우 조달원천별 한계자본비용 계산할 수 있는가?
- 최적자본예산안은 어떻게 수립할 수 있는가?

제10장

자 본 구 조

학습목표

본 장은 재무관리자가 재무상황에서 기업의 가치를 극대화하기 위해 어떠한 자본구조를 유지해나가는 것이 기업가치의 극대화시키는 구조인지를 살펴본다. 자본구조와 기업가치 간의 관계에 대한 최적자본구조이론과 논쟁의 원인을 학습한다.

- 자본구조의 개념과 최적자본구조의 존재 유무
- 자본구조와 재무레버리지의 계산
- MM의 자본구조이론과 불완전시장의 자본구조이론
- 자본구조와 기업가치의 관계와 관련된 이론과 논쟁
- 자본조달분기점 분석
- 자본구조에 영향을 미치는 요인

제1절 자본구조의 기본개념

1. 자본구조의 의의와 최적자본구조

자본구조(capital structure)는 기업의 자본조달 결과 나타난 자기자본과 타인자본의 구성관계를 말한다. 자본구조가 기업가치에 영향을 미친다면 기업의 가장 바람직한 재무구조는 어떤 것이고 기업이 어떠한 자본을 많이 쓰느냐에 따라 기업가치가 변하지 않겠느냐는 것이다.

경영자는 [그림 10-1]과 같이 부채와 자기자본을 두고 부채를 얼마나 사용하는 것이 안전하고 기업의 가치를 높여줄까라고 끊임없는 고민을 한다. 기업의 총가치는 타인자본의 시장가치와 자기자본의 시장가치의 합으로 계산할 수 있다.

| 그림 10-1 | 자기자본과 부채의 비중

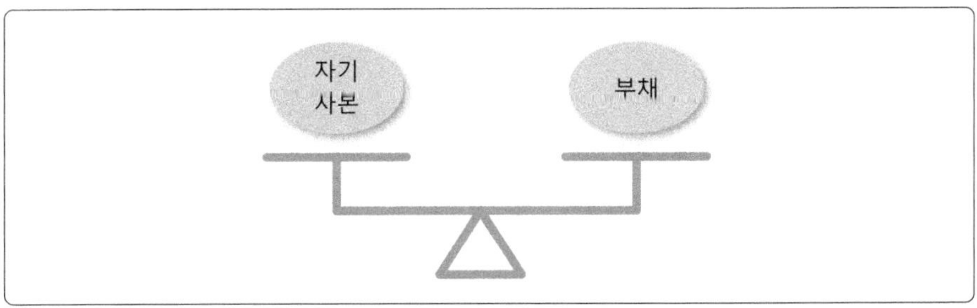

기업가치가 극대화되는 시점은 언제일까? 자본조달원천별로 산출된 가중평균자본비용이 최소일 때 기업가치가 극대화된다고 할 수 있다. 그러므로 보다 적극적으로 자본구조를 변경함으로써 가중평균자본비용을 최소화시킬 수 있다. 재무관리자는 부채를 얼마나 사용하는 게 기업의 가치가 극대화되는가에 초점을 맞춰 부채비율을 조절해 나가야 할 것이다.

2. 재무레버리지와 재무위험

자본구조문제 논란의 핵심은 부채의 사용증가에 따라 기업가치가 어떻게 변하는가이다. 흔히들 투자자 입장에선 부채사용의 증가에 따라 부채비용 이상의 수익을 창출해낸다면 기업의 가치는 더 큰 폭으로 상승할 것이다. 이것은 고정재무비용의 존재로 이익이 지렛대 작용을 하기 때문이다. 이를 레버리지(leverage)라고 부른다. 특히 영업이익에 변동이 생길 경우 부채에 대한 의존도가 클수록 주당손익이 확대되어 나타나는 현상을 재무레버리지 효과(leverage effect)라고 한다.

이처럼 타인자본의 사용으로 인해 나타나는 위험이 바로 재무위험(financial risk)이다. 이러한 현상은 고정비인 이자비용의 존재가 지렛목이 되어 주당손익의 확대효과를 가져오기 때문이다. 그러므로 경영성과가 좋은 경우에는 레버리지가 높을수록 주당이익을 확대시키는 긍정적 효과를 가져온다. 하지만 경영환경이 악화될 경우 레버리지가 높을수록 주당이익의 변동성이 증대되어 주주이익의 불확실성이 증대된다.

이와 같이 레버리지의 사용은 이익의 확대라는 긍정적 효과와 위험의 증가라는 부정적 효과를 동시에 갖고 있다. 기업이 부채를 이용할 경우 주주이익에 레버리지효과를 가져온다는 사실은 자본구조를 최적의 상태로 유지해야 한다는 하나의 근거를 제공한다. 그러므로 재무관리자는 기업의 경영환경 변화와 미래의 성장성 등을 토대로 부채의 사용을 확대할 것인지 축소할 것인지에 대해 전략적 접근이 필요하다.

표 10-1 부채사용의 유리한 점과 불리한 점

부채사용의 유리한 점
부채사용의 유리한 점 • 부채사용의 저렴효과: 채권자의 요구수익률은 주주의 요구수익률보다 더 낮아 기업이 부채를 더 많이 사용할수록 WACC가 감소하게 된다. • 우선청구권: 부채의 채권자는 주주보다 우선청구권이 있어 위험부담이 더 적다. • 절세효과: 부채사용시 이자비용에 대한 절세효과를 얻을 수 있다.
부채사용의 불리한 점 • 채무불이행 위험 등 유발: 상당한 수준 이상의 부채사용은 기업의 채무불이행 위험을 유발한다. • 채권자의 요구수익률 상승: 부채를 많이 사용하면 재무위험이 증가하여 자본비용의 상승을 초래한다. • 파산비용발생 가능성: 부채사용을 늘리면 파산발생 가능성과 파산비용을 증가시킨다.

제2절 자본구조이론

1. 전통적 자본구조이론

전통적 자본구조이론은 부채비율이 높아지면 재무위험이 커지면서 자기자본비용이 증가하고, 일정수준 이상의 부채를 사용하는 경우 채무불이행위험이 높아지면서 타인자본비용이 증가한다고 설명한다. 이에 따르면 일정수준까지 부채를 사용하는 경우 저렴한 타인자본비용의 효과가 자기자본비용의 증가분보다 더 커서 가중평균자본비용(WACC)이 감소한다. 그러나 일정수준 이상의 부채를 사용하게 되면 자기자본비용의 증가와 함께 채무불이행위험으로 인한 타인자본비용을 증가시킨다. 결국 부채사용량이 증가함에 따라 WACC가 낮아지면서 기업가치가 일정수준까지는 증가하다가 그 이후에는 감소하게 된다.

자본구조에 관한 전통적 견해는 부채비율이 변함에 따라 가중평균자본비용과 기업가치도 변화하므로, 기업가치를 극대화시킬 수 있는 최적자본구조가 존재한다는 견해이다. 그러나 전통적 자본구조이론은 기업가치를 극대화시킬 수 있는 최적자본구조가 존재하지만 최적자본구조를 이루는 부채비율이 어떤 수준에서 결정되어야 하는가에 대해 명확히 제시하지 못하고 있다.

2. MM의 자본구조이론

(1) MM이론의 가정과 명제

1958년에 발표된 모딜리아니와 밀러(Modigliani and Miller: MM)의 논문을 계기로 현대 자본구조이론은 비약적인 발전을 보게 되었다. 모딜리아니와 밀러는 세금을 고려하지 않은 완전자본시장에서는 자본구조가 기업의 가치에 전혀 영향이 없다는 무관련이론(irrelevant theory)을 주장하였다. MM은 이 이론을 자본시장에서 차익거래를 통하여 설명하였다. 차익거래는 동일증권 또는 대체가능한 증권 사이에 일시적으로 생기는 가격차로부터 이익을 얻기 위해 증권을 매매하는 것을 말한다.

MM의 주장은 전통적 견해와는 가정의 차이가 있다. 이 이론은 거래비용과 세금이 존재하지 않고, 시장에는 증권가격에 영향을 미칠 수 없을 만큼의 충분한 수의 매입자와 매도자가 존재하고, 모든 정보는 개인이 비용부담 없이 이용 가능하다는 완전자본시장을 전제로 하고 있다. 이들 주장의 주요 가정과 명제를 요약하면 다음과 같다.

1) MM 자본구조이론의 가정

MM 자본구조이론은 다음과 같은 가정을 전제로 전개하고 있다.

첫째, 완전자본시장으로 거래비용이나 세금과 같은 거래마찰적 요인이 없으며, 정보 이용에 아무런 제한이 없다.

둘째, 기업이 발행하는 증권은 주식과 무위험 영구부채이며, 현금흐름은 성장없이 영구히 발생한다.

셋째, 개인투자자는 기업과 동일한 이자율로 무제한 차입 또는 대출이 가능하다.

넷째, 기업의 영업위험은 동일한 동질적 위험집단으로 구분이 가능하다. 즉, 영업위험이 동일하면서 자본구조만 다른 기업들이 하나의 위험집단에 속한다.

2) MM 자본구조이론의 명제

[MM의 제1명제] 기업의 가치는 자본구조와 무관하다.

[명제] 1은 기업의 총시장가치(V)는 그 기업의 미래 기대영업이익을 적당한 할인율로 할인한 값이므로 기업가치는 기대영업이익과 자본화율인 가중평균자본비용에 의해 결정된다는 것을 의미한다. 그러므로 자본구조의 변화는 기업가치에 영향을 미치지 않는다.

[MM의 제2명제] 자기자본비용 r_S는 부채비율(B/S)이 증가함에 따라 상대적으로 저렴한 비용으로 사용할 수 있는 부채의 이점을 완전히 상쇄시킨다.

[명제] 2는 [명제] 1을 자본비용의 측면에서 설명하는 것이라고 할 수 있다. 자기자본비용은 [그림 10-2]와 같이 가중평균자본비용, 부채비용 그리고 기업의 부채비율에 달려 있다.

자본구조상에 부채비율이 증가하면 재무위험이 증대되고 재무위험은 결국 자기자본 제공자가 부담해야 하기 때문에 자기자본비용을 증가시킨다. 그러나 자기자본비용의 증가는 저렴한 부채비용에 의해 정확히 상쇄된다. 즉, 자본구조에 있어 가중치(E/V와 D/V)의 변화는 자기자본비용의 변화에 의해 정확히 상쇄된다. 따라서 가중평균자본비용은 항상 일정하다.

❙ 그림 10-2 ❙ 부채비율의 증가에 따른 자본비용과 기업가치의 관계

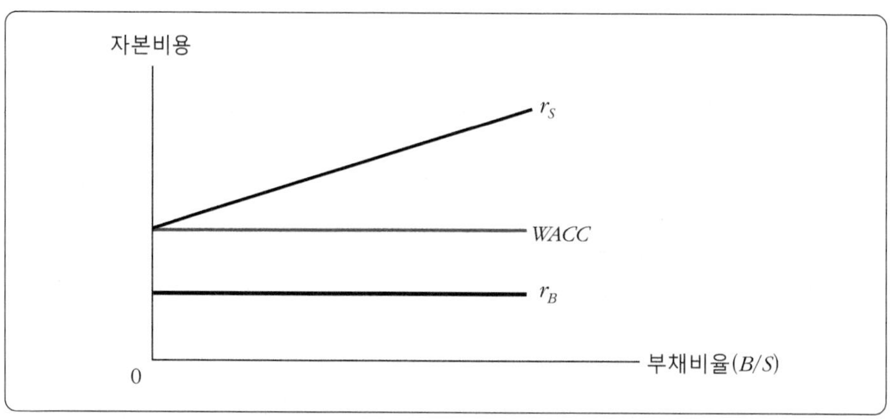

[MM의 제3명제] 신규투자안의 거부율은 투자안에 필요한 소요자금 조달 방법과는 무관하다.

[명제] 3은 투자결정문제와 자본조달결정문제는 서로 독립적이라는 것을 나타낸다. 새로운 투자안의 순현재가치는 기업가치의 증가분을 의미한다. 이는 투자결정문제로서, 투자자금을 자기자본에 의할 것인가에 관한 의사결정인 자본조달결정과는 무관하다는 것이다.

(2) 완전자본시장에서의 차익거래

차익거래는 투자자들이 자본시장에서 동일증권 또는 관련 증권 간의 가격차이에서 오는 이익을 얻기 위해 과대평가된 주식을 매도하고 과소평가된 주식을 매수하는 증권의 매매거래이다.

완전자본시장에서는 일물일가의 법칙이 적용되므로 차익거래가 없어야 한다. 그러나 시장의 비효율성이 제거되는 과정에서 그 비효율성을 이용하여 이익을 얻고자 하는 거래가 생긴다. 이러한 차익거래는 일시적 현상이므로 MM의 가정 아래서는 기대영업이익이 동일한 두 기업의 총가치는 부채의 이용 여부와 관계없이 항상 동일한 가치를 가진다. 그러므로 부채를 이용하지 않는 기업의 가치와 부채를 이용하는 기업의 가치는 〈식 10-1〉과 같이 항상 동일하다($V_U = V_L$). 이를 식으로 나타내면 다음과 같다.

$$V_U = V_L \qquad (10\text{-}1)$$

=부채를 이용하는 기업의 자기자본시장가치+부채의 시장가치

V_U: 부채를 이용하지 않는 기업의 시장가치

V_L: 부채를 이용하는 기업의 시장가치

3. 불완전자본시장과 자본구조이론

MM은 완전자본시장의 가정 아래서 자본시장에서의 투자자행동이 자본구조가 변함에도 불구하고 기업의 총가치가 일정하다는 주장이다. 이러한 MM의 주장은 비현실적인 완전자본시장의 가정 아래서 이루어지므로 현실적으로는 세금이나, 파산비용, 대리비용과 같은 불완전요인이 존재한다.

이같은 문제를 두고 MM의 자본구조이론은 끊임없는 논쟁을 일으키고 있다. 이에 따라 현실에 존재하는 세금, 파산비용, 대리비용 등을 고려한 자본구조이론의 연구와 주장을 통해 시장불완전성의 문제를 제기하고 있다.

(1) 법인세와 자본구조

MM은 1963년에 발표한 그들의 논문에서 법인세를 고려할 경우에는 이자지급에 대한 법인세의 감세효과 때문에 부채비율이 증가하면 기업가치가 증대된다는 것을 제시함으로써 이전의 주장을 수정하였다. 이를 MM의 수정이론이라고 한다.

기업이 지급하는 이자비용은 손비로 처리되기 때문에 과세대상에서 제외되어 감세효과가 발생한다. 감세효과는 궁극적으로 주주의 소득을 그만큼 증대시킨다. 법인세율을 T_C, 부채를 B, 이자율을 i라 하고 이자율과 부채의 요구수익률이 같다면 매년 발생되는 부채의 법인세감세액은 부채(B)×

이자율(i)×세율(T_C)이 된다. 일정금액의 부채를 사용할 경우 법인세감세액의 현재가치는 다음과 같이 나타낼 수 있다,

$$\text{법인세감세액의 현재가치} = \frac{\text{부채}(B) \times \text{이자율}(i) \times \text{세율}(T_C)}{\text{이자율}(i)}$$

$$= \text{부채}(B) \times \text{세율}(T_C) \qquad (10\text{–}2)$$

부채를 사용하는 기업의 총가치는 부채를 사용하지 않는 기업의 가치에 법인세감세액의 현재가치를 더한 값과 같다.

$$V_L = V_U + \text{부채}(B) \times \text{세율}(T_C) \qquad (10\text{–}3)$$

따라서 자본구조상 부채가 증가함에 따라 감세효과만큼 기업가치가 증가한다.

법인세가 있는 경우와 없는 경우의 차이를 나타내면 [그림 10-3]와 같다.

이러한 결과는 기업가치를 극대화시키기 위해서는 부채를 사용하면 할수록 기업가치는 증가한다는 것을 알 수 있다. 이 결과는 법인세 이외의 다른

❙그림 10-3❙ 부채 사용증가에 따른 법인세의 감세효과

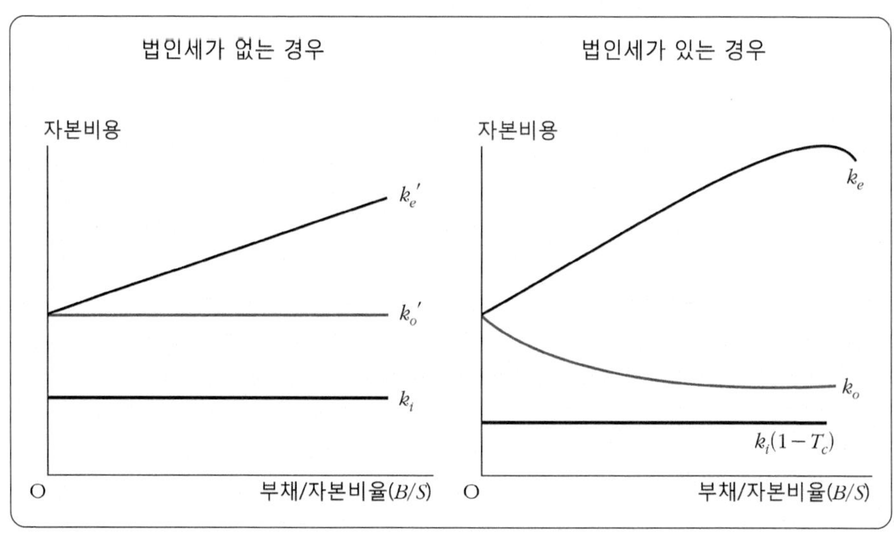

불완전요인을 고려하지 않기 때문에 생긴 결과이다.

(2) 파산비용과 자본구조

기업의 경영상황이 악화되어 과다하게 부채에 의존하는 기업은 이자지급과 원금상환 능력을 상실하는 부실상태가 된다. 이처럼 부채의 지나친 확대는 재무위험의 증가를 초래하게 되므로 채권자들은 더 높은 이자지급을 요구하게 되고 극단적인 경우에는 차입이 불가능하게 된다. 이러한 지급불능상태를 해결하기 위한 법적, 재무적 비용이 발생되고 자산의 경제적 가치는 급격히 감소하는 현상이 발생된다. 이 과정에서 발생되는 여러 가지 비용을 파산비용(BC: bankruptcy costs)이라 부른다.

파산비용에는 직접파산비용과 간접파산비용으로 나눌 수 있다. 직접파산비용은 기업의 파산과정에서 기업이 제3자에게 지급하는 소송비용이나 변호사비용, 회계사수수료 등이다. 간접파산비용은 주요직원의 기업이탈, 정상가격 이하로 기업자산 매각, 매출액 감소 등에 의해서 간접적으로 기업이 입게 되는 손실 등이다.

법인세와 파산비용을 고려한 기업가치 변화는 [그림 10-4]와 같다. 기업이 자본구조상 부채비율이 일정수준을 초과하게 되면 자기자본비용이 급격히 상승하게 된다. 따라서 불완전 자본시장에서 발생될 수 있는 파산비용의 존재는 가중평균자본비용을 상승시키는 요인이 된다.

부채비율의 증가에 따른 세금효과와 파산비용을 동시에 고려할 경우 기업가치는 감세효과만을 고려한 기업가치에서 예상되는 파산비용의 현재가치를 차감한 값으로 다음 〈식 10-4〉와 같이 계산된다.

$$V_L = V_U + B \times T_C - PV(BC) \qquad (10\text{-}4)$$

여기서 $PV(BC)$: 파산비용의 현재가치

Ⅰ그림 10-4Ⅰ 법인세와 파산비용을 고려한 기업가치의 변화

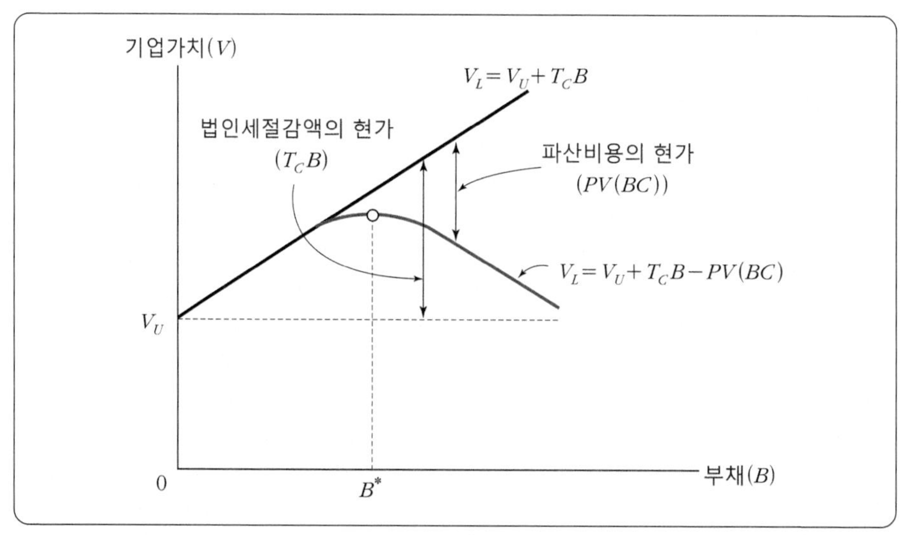

제3절 자본구조관리

1. 자본조달분기점분석

자본조달계획과 투자계획의 목적은 기업가치를 극대화시키는 방향으로 자본구조를 선택하는 것이다. 그러나 적정자본구조의 선택에 의해 기업가치에 미치는 영향을 정확히 측정하는 것은 거의 불가능하다. 실무에서는 주주의 부에 미치는 영향을 추정하는 방법으로 자본구조가 기업의 수익과 위험에 미치는 영향을 간접적으로 예측하고 관리할 수 있다.

대체가능한 자본구조안의 수익성을 비교하기 위한 하나의 수단이 자본조달분기점분석 또는 영업이익－주당순이익(EBIT－EPS)분석이다. 이 분석방법은 일정한 영업이익의 범위 내에서 자본조달계획안이 주당이익에 미치는 효과를 검토함으로써 대체가능한 자본조달계획안을 평가한다. 이 기법의 주된 목적은 가능한 영업이익수준에서 가장 높은 주당이익을 제공하는 자본구조를 결정하는 것이다.

주당이익은 영업이익에서 이자 및 세금을 차감한 순이익에서 우선주 배당금을 차감한 값을 발행주식수로 나눈값이므로 다음과 같이 나타낸다.

$$EPS = \frac{(EBIT - I)(1 - T) - D_P}{N} \tag{10-5}$$

EPS: 주당순이익

$EBIT$: 영업이익

I: 이자지급액

D_P: 우선주 주당배당금

T_C: 법인세율

N: 보통주 발행주식수

자본조달분기점은 자본구조에 관계없이 동일한 주당이익을 가져다주는 영업이익수준이다. 자본조달분기점을 초과하는 영업이익수준에서는 레버리지가 높은 자본조달계획안일수록 더 높은 주당순이익을 나타내고, 자본조달분기점보다 낮은 영업이익 수준에서는 레버리지가 낮은 자본조달계획안이 더 높은 주당순이익을 나타낸다.

2. 자본구조에 영향을 미치는 요인

기업이 목표로 하는 적정자본구조를 결정하기 위해서는 자본구조에 영향을 미치는 여러 가지 요인들을 고려해 최적자본구조를 유지하는 노력이 필요하다. 자본구조정책을 수립하기 위해서 고려하여야 할 주요 요인은 다음과 같다.

(1) 부채의 부담능력

부채조달에 따른 이자지급과 원금 상환의무를 수행할 수 있는 충분한 현금흐름을 창출할 수 없는 경우라면 부채에 의해 추가자본을 조달하려 하지 않을 것이다. 따라서 부채부담능력을 측정할 필요가 있고 그 척도로서 이자보상비율 또는 고정금융비용보상률과 부채부담능력비율을 이용할 수 있다.

$$\text{이자보상비율} = \frac{\text{이자 및 세전이익}}{\text{지급이자}} \tag{10-6}$$

$$\text{고정금융비용보상률} = \frac{\text{이자 및 세전이익} + \text{기타금융비용}}{\text{지급이자} + \text{기타금융비용}} \tag{10-7}$$

위 식에서 기타비용은 이자 이외에 기업이 고정적으로 부담하는 비용으로 임차료, 리스료 등이 해당된다. 한편 이자뿐 아니라 원금의 상환능력을 함께 고려할 경우 부채부담능력은 다음과 같이 측정할 수 있다.

$$\text{부채부담능력} = \frac{\text{이자 및 세전이익} + \text{기타금융비용}}{\text{지급이자} + \text{기타금융비용} + \dfrac{\text{원금상환액}}{(1 - T_C)}} \tag{10-8}$$

T_C: 법인세율

위의 식에서 이자 및 기타 금융비용은 감세 대상이나 원금 상환액은 감세 대상이 아니기 때문에 $(1 - T_C)$로 나누어야 한다.

(2) 감세효과의 활용능력

부채를 이용하는 이점의 하나는 이자비용의 감세효과이다. 그러나 부채를 이용하려면 부채비용 이상의 충분한 이익을 창출할 수 있어야 가능하다. 따라서 법인세를 내지 않는 기업은 부채에 의한 추가 자금조달의 이점이 줄어든다. 감세효과를 충분히 얻을 수 없는 경우에는 부채에 의한 추가 자본조달은 오히려 파산비용을 증대시키고 주주에게 손실을 끼치게 될 수 있다.

(3) 자산의 현금화에 의한 부채상환 능력

기업의 현금화능력은 기업의 자본구조결정에 중요한 영향을 미친다. 기업의 지급불능위험은 영업활동 결과에 의한 부채부담능력뿐 아니라 추가차입, 주식의 매각 또는 자산의 매각 등의 재원이 부족할 경우 발생한다. 따라서 지급불능위험을 줄이기 위해서는 자산과 부채의 관리 및 유지를 통해 부채상환 및 현금화능력을 증대시켜 나가야 한다. 보유자산의 현금화가 용이할수록 보다 높은 부채비율을 유지할 수 있다.

(4) 자본시장접근의 용이성

대규모 자본조달이 필요한 기업은 유리한 조건으로 자본을 지속적으로 조달하기 위해선 항상 양호한 신용상태를 유지해야 한다. 기업의 신용이 높을수록 보다 용이하게 자본시장에서 자본조달을 할 수 있다.

(5) 증권의 발행비용

장기적인 자본조달방법에는 주로 채권과 주식을 발행한다. 기업이 상·난기 발전계획을 수립하여 목표자본구조에 접근하려는 과정에서는 증권의 종류, 발행규모 그리고 발행비용 등의 차이에 따라 그의 성과가 달라진다.

증권발행시 한 번의 대규모 발행은 여러 번에 걸친 소규모 발행보다 발행비용이 적게 소요되므로 상대적으로 적은 규모의 자본조달은 차입에 의존하는 것이 유리하다. 증권의 발행비용은 일반적으로 채권이 가장 싸고, 보통주가 가장 비싸다. 따라서 기업은 소요자본을 변제와 경영지배권, 자본구조 등에 부담이 적은 유보이익으로 우선 조달하고 그 다음, 추가로 필요한 부분은 보통주보다는 부채에 의해 조달하고자 하는 경향이 있다.

활용과 응용

본 장을 학습한 후 기업의 가치를 극대화하기 위한 최적자본구조와 부채의 증가에 따른 기업가치의 관련성을 확인하고 향후 기업가치를 증대시키기 위한 자본구조관리방안을 선택하고 집행할 수 있는 능력을 키워야 한다.

- 전통적 자본구조이론과 MM의 자본구조이론의 차이는 무엇인가?
- MM의 자본구조이론의 가정과 현실적 적용의 문제점은 무엇인가?
- 최적자본구조란 어떠한 경우이며 그때 기업가치와의 관계는?
- 최적자본구조를 유지하기 위한 자본구조관리방안은 무엇이며 적용 시 문제점은?

제11장

Leverage분석과 손익분기점분석

- 제1절 Leverage 분석
- 제2절 손익분기점분석

학습목표

본 장은 재무관리자가 고정비용을 발생시키는 자산과 부채를 사용할 경우 매출액이 변화하면 순이익의 변화를 확인하고 기업가치의 극대화를 위한 방안을 알아본다. 그리고 기업의 손익분기점분석을 통해 매출액의 증감에 따라 비용의 변화를 분석한다.

- 레버리지의 개념과 종류
- 손익계산서와 레버리지의 관계
- 레버리지효과의 발생원인과 계산방법
- 손익분기점분석의 의의와 산출방법
- 손익분기점의 활용방법

제1절 Leverage 분석

1. 레버리지의 개념

기업은 고정비용을 발생시키는 자산 또는 부채를 얼마나 사용하느냐에 따라 기업의 위험이 달라진다. 이는 기업의 자본비용에 영향을 미쳐 기업가치에도 영향을 미친다.

금융에서는 실제 가격변동률보다 몇 배 많은 투자수익률이 발생하는 현상을 지렛대에 비유하여 레버리지효과(leverage effect)라고 한다. 영어로 'leverage'란 지렛대 작용을 의미한다. 레버리지는 정태적 개념으로는 기업의 '타인자본의존도'를, 동태적 개념으로는 '고정비용을 수반하는 자산이나 자금의 사용'을 나타낸다.

기업경영에서 레버리지효과가 나타나는 것은 영업이나 자금조달시 고정영업비용과 고정재무비용이 존재하기 때문이다. 총비용 중에서 고정영업비용과 고정재무비용이 차지하는 비중에 따라 매출액의 변화가 순이익의 변화에 미치는 레버리지효과는 달라진다. 흔히들 다른 사람보다 조금이라도 돈을 더 많이 벌려면 남의 돈을 이용하라고 한다. 그리고 성장한 기업 중에 은행 빚을 사용하지 않은 기업이 없다. 왜 그럴까? 부채를 사용하면 이자비용을 공제하고 남는 금액을 사업주체자가 모두 차지할 수 있기 때문이다. 따라서 레버리지 투자는 경기가 호황일 때 효과적인 투자법이다. 이는 상대적으로 낮은 비용(금리)으로 자금을 끌어와 수익성 높은 곳에 투자하면 조달비용을 갚고도 더 많은 수익을 올릴 수 있기 때문이다.

2. 레버리지의 종류

기업이 부채를 조달하거나 고정자산을 사용하게 되면 기업의 영업활동과 관계없이 고정적으로 지출해야 하는 비용이 발생하게 된다. 기업이 고정비를 지출하는 상황에서 다른 조건은 일정할 때 기업의 매출액이 증가하고 감소함에 따라 영업이익이나 순이익은 어떻게 변동하는가를 살펴보는 것이 바로 레버리지분석(leverage analysis)이다.

기업 입장에서는 매출액을 정확히 예측하는 것도 중요하지만, 매출액의 변화에 대해 이익이 어떠한 방식으로 변하는가를 분석하는 것도 매우 중요하다. 다시 말해, 고정비가 발생한다면, 기업의 매출에 비례하여 영업이익이나 순이익이 어떻게 증가하는가를 파악함으로서 기업 입장에서 적절한 생산과 판매계획을 수립할 수 있는 것이다.

[그림 11-1]은 손익계산서와 레버리지의 관계를 나타내고 있다.

▌그림 11-1▐ 손익계산서와 레버리지의 관계

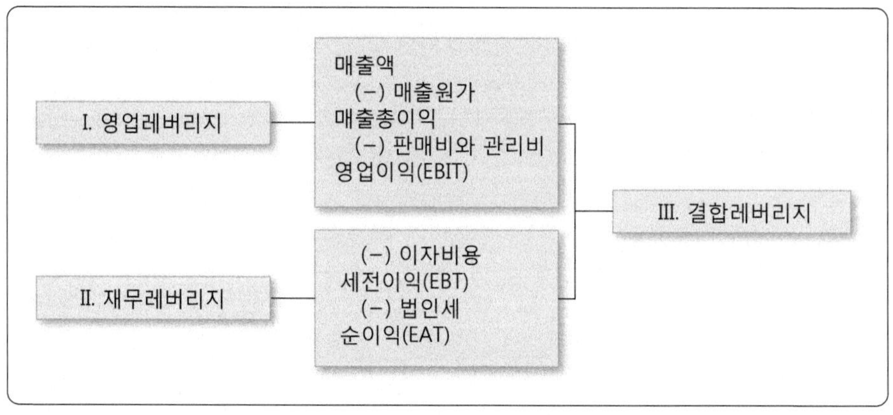

기업의 레버리지효과는 다음의 세 가지 형태로 나눠 분석해 볼 수 있다.

① 영업레버리지(operating leverage): 고정자산을 보유함으로써 임대료 등 고정영업비용의 존재로 매출액의 변화에 따른 영업이익의 손익확대효과

② 재무레버리지(financial leverage): 타인자본을 보유함으로써 이자비용 등 고정재무비용의 존재가 영업이익의 변화에 따른 순이익의 손익확대효과

③ 결합레버리지(combined leverage): 고정자산과 타인자본의 이용 등으로 발생하는 고정영업비와 고정재무비용의 존재로 매출액의 변화에 따른 순이익의 손익확대효과

3. 레버리지분석과 측정방법

레버리지분석은 기업의 총비용 중에서 고정영업비와 고정재무비용의 존재가 매출액의 변동에 따라 순이익에 어떠한 영향을 미치는지 효과를 분석하는 것이다. 고정영업비용의 존재로 생기는 효과가 영업레버리지이고 고정재무비용의 존재로 생기는 것이 재무레버리지이다.

(1) 영업레버리지 분석

기업의 고정영업비용의 지출을 수반하는 고정자산의 보유로 매출액의 변화율보다 영업이익의 변화율이 커지는 현상을 영업레버리지효과(operating leverage effect)라고 한다. 여기서 고정영업비란 기업의 매출액 수준과 관계없이 발생하는 비용으로 감가상각비, 임대료, 경영진 급료 등이 있다.

영업레버리지효과의 정도는 다음 〈식 11-1〉의 영업레버리지도(DOL: degree of operating leverage)에 의해 측정될 수 있다.

$$\text{영업레버리지도(DOL)} = \frac{EBIT\text{의 변화율}}{\text{매출액의 변화율}} = \frac{\Delta EBIT / EBIT}{\Delta \text{매출액} / \text{매출액}}$$

$$= \frac{(P-V)Q}{(P-V)Q-FC} \qquad (11\text{-}1)$$

영업이익(EBIT: earning before interest & tax)은 다음 〈식 11-2〉에 의해 계

산된다.

$$\text{영업이익} = \text{매출액} - \text{총비용} = \text{매출액} - (\text{변동비} - \text{고정비}) \quad (11\text{-}2)$$
$$= P \cdot Q - V \cdot Q - FC = (P - V)Q - FC$$

여기서 Q: 매출량

P: 단위당 판매가격

V: 단위당 변동비

▌그림 11-2▐ 고정영업비의 존재에 따른 영업레버리지효과

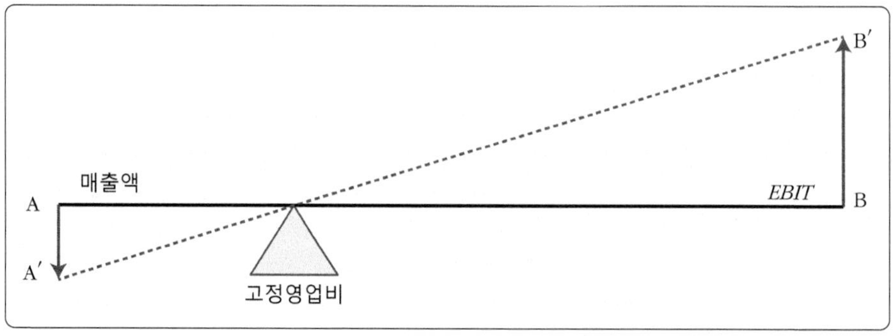

고정영업비의 존재에 따른 레버리지효과는 [그림 11-2]와 같다. 일반적으로 고정영업비가 클수록, 매출량이 작을수록, 판매단가가 낮을수록, 단위당 변동비가 클수록 영업레버리지도(DOL)는 크게 나타남을 알 수 있다.

(2) 재무레버리지 분석

기업이 고정금융비용(이자)이 발생하는 타인자본을 사용함에 의해 영업이익의 변화에 따라 주당순이익의 변화에 영향을 미치는 효과를 재무레버리지효과(financial leverage effect)라고 한다. 이러한 효과의 크기는 〈식 11-3〉의 재무레버리지도(DFL: Degree of Financial Leverage)에 의해 측정될 수 있다.

$$재무레버리지도(DFL) = \frac{EPS의\ 변화율}{EBIT의\ 변화율} = \frac{\Delta EPS / EPS}{\Delta EBIT / EBIT}$$

$$= \frac{EBIT}{EBIT - 고정재무비용}$$

$$= \frac{PQ - VQ - FC}{PQ - VQ - FC - 고정재무비용} \qquad (11\text{-}3)$$

┃그림 11-3┃ 고정재무비용의 존재에 따른 재무레버리지효과

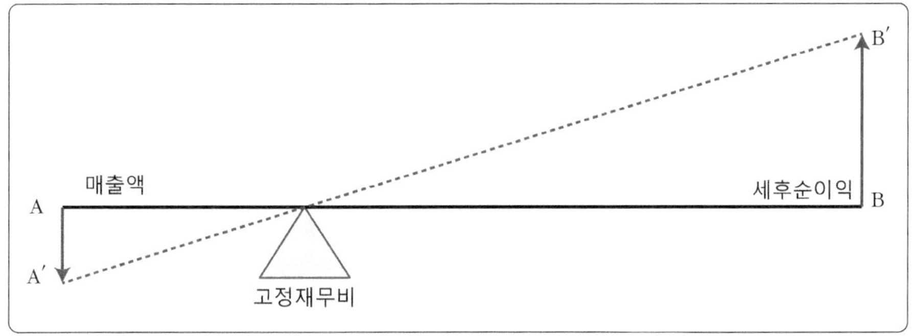

[그림 11-3]은 고정적으로 발생하는 이자 등의 존배로 손익의 변화에 지렛대의 역할을 하여 영업이익의 변화에 대한 주당이익의 변화폭이 더 커지는 재무레버리지효과를 나타내고 있다.

재무레버리지도(DFL)는 영업이익(EBIT)의 변화 대비 주당순이익(EPS: Earning Per Share)의 변화정도로 계산할 수 있다.

동일 영업이익 수준에서는 타인자본비율이 큰 기업 즉 고정재무비용이 클수록 변동폭은 더욱 커지게 된다. 따라서 재무레버리지 효과가 유리하게 작용하는 경우 기업은 차입이나 우선주를 발행하여 자본을 조달하는 방법이 보통주 발행에 비해 큰 주당이익을 가져온다.

(3) 결합레버리지 분석

영업레버리지와 재무레버리지가 동시에 존재함으로써 결합된 경우 두 레버리지의 효과가 동시에 나타난다. 고정영업비용 및 고정재무비용이 동시에 존재할 경우 매출액의 변화에 따라 주당순이익의 변동에 어느 정도의 영향을 미치는가를 측정하는 지표가 결합레버리지도(DCL: Degree of Combined Leverage)이다.

결합레버리지도는 〈식 11-4〉에 의해 계산된다.

$$\text{결합레버리지도(DCL)} = \frac{\text{주당순이익의 변화율}}{\text{매출액의 변화율}} = \frac{\Delta EPS / EPS}{\Delta \text{매출액}/\text{매출액}}$$

$$= \text{DOL} \times \text{DFL}$$

$$= \frac{PQ - VQ}{PQ - VQ - FC - \text{고정재무비용}} \qquad (11\text{-}4)$$

결합레버리지도(DCL)는 영업레버리지도(DOL)와 재무레버리지도(DFL)를 곱한 것이다. 고정영업비용과 고정재무비용이 증가할수록 결합레버리지가 커지며 기업의 위험도도 커진다.

4. 레버리지효과의 활용사례

(1) 주식투자 사례

투자에 있어 가격변동률보다 몇 배 많은 투자수익률을 올리려면, 좋은 투자안 선택도 중요하지만, 투자액의 일부가 부채로 조달되어야 한다. 예를 들어, 자금 1억원으로 10,000원인 주식을 1만주 매입한 뒤, 주가가 20% 상승해 1억 2천만원에 매도하였다. 이 때 거래비용을 무시하면 자기자금 1억원에 대한 투자수익률은 20%가 된다. 그러나 투자자금 1억원 중 60%인 6천만원을 대출받았고 나머지 4천만원만 자신의 자금이라면 자기자금에 대한 투자수익률은 크게 달라진다. 이 경우 총투자액 1억원에 대해 20%인

2천만원을 벌었지만, 거래비용과 대출자금에 대한 이자를 무시하고 자기자금 4천만원에 대한 투자수익률은 50%가 된다. 똑같은 투자금액이 1억원이지만 두 투자안을 비교하면 6천만원의 타인자본을 사용해 투자한 경우가 투자수익률이 20%의 2.5배가 된다.

반면에 만약 주가가 10,000원에서 9,000원으로 10% 하락했다고 가정하면, 자기자금 4천만원에 대출자금 6천만원을 보태서 투자한 경우 총투자액 1억원에 대한 손실액은 1천만원이 된다. 따라서 자기자금 4천만원에 대한 투자수익률은 −25%가 되어 실제 가격변동률 −10%의 2.5배가 된다. 결과적으로 투자의 레버리지는 총투자액 중 부채의 비중이 증가하면 투자수익률의 변동폭이 커지게 된다.

(2) 부동산투자 사례

전세를 끼고 주택을 매입한 경우가 대표적인 레버리지가 내재된 부동산투자사례이다. 예를 들면, 5억원인 아파트를 4억원의 전세를 끼고 자기자본 1억원으로 매입하였다면 투자 레버리지는 5배(=5억원/1억원)가 된다. 이후 집값이 10% 상승하여 5억 5천만원이 되면 자기자본 1억원에 대한 투자수익률은 5배인 50%가 된다. 이는 부동산 상승기에 갭(gap)투자를 하는 이유이다. 만일 집값이 30% 하락하여 3억 5천만원이 되면 투자수익률은 5배인 −150%가 되어 집값이 전세값에도 못 미치는 소위 '깡통 전세'로 전락하게 된다.

(3) 레버리지투자의 고민

실물자산에 투자하거나 부채로 자금을 조달하는 경우 투자정책과 자본조달정책에 따라 수익의 크기와 질이 달라진다. 이는 비용구조의 변화에 따른 위험과 수익의 관계를 검토함으로써 가능하다. 레버리지에 의한 손익확대효과는 수익률이 양(+)일 경우 이익의 폭이 증가되지만, 반대로 실제 수익률이 음(−)이 되면 손실의 폭도 확대된다.

투자자 입장에서는 미래의 상황이 크게 좋아질 것으로 예상된다면 더 많은 수익획득의 방법을 찾을 것이다. 가령, 부채를 이용해 성공한 사업가는 더욱 부채이용을 확대시킬 것이다. 그러나 레버리지가 높아진 상태에서 경기침체나 투자부진 등의 위험상황이 발생하면 하루 아침에 망할 수도 있다.

1997년 외환위기가 닥쳤을 때 많은 사업자와 기업이 파산한 원인으로 높은 부채비율로 인한 레버리지를 빼 놓을 수 없다. 레버리지는 '양날의 칼'과 같아서 좋을 때는 더욱 좋게 만들지만 나쁠 때는 상황을 더욱 악화시키는 것이다. 따라서 기업의 경우 감내할 만한 수준 이내에서 적절한 부채를 사용하는 것이 바람직하다.

제2절 손익분기점분석

1. 손익분기점분석의 의의

손익분기점(BEP: break-even point)은 총비용과 총수익이 일치해 순이익이 0인 점을 말한다. 즉, 상품에 투입된 비용을 완전히 회수할 수 있는 매출액이 얼마인가를 나타내는 분기점이다.

기업 경영에서 매출액, 영업비용, 영업이익 등 기업의 단기 목표들의 관계를 규명하여 경영의 성과를 개선하려는 노력이 오래전부터 계속 되어왔다. 이와 관련된 전통적 관리 도구 중에서 가장 대표적인 것이 손익분기점분석이다.

[그림 11-4]에서 보는 바와 같이 손익분기점(BEP)은 매출액, 비용, 이익의 세 변수 사이의 기본 관계에 의해 설명된다. 손익분기점분석은 원가-조업

그림 11-4 손익분기점분석 혹은 CVP분석

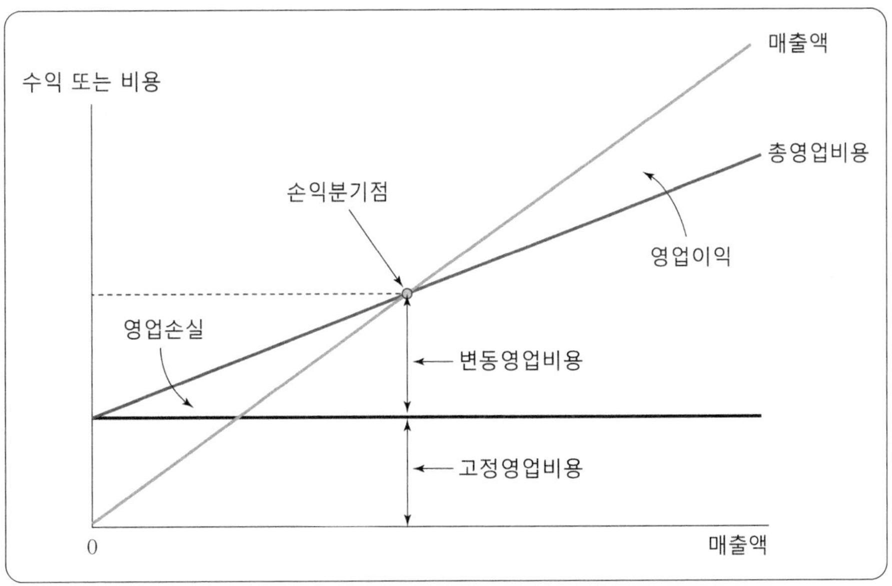

도-이익(CVP: cost-volume-profit)의 관계를 분석해 CVP분석이라고도 한다.

2. 손익분기점의 산출방법

손익분기점을 구하기 위해서는 모든 비용을 고정비(fixed cost)와 변동비(flexible cost)로 분류할 수 있어야 한다. 고정비는 임대료, 감가상각비, 채권이자 등 매출액이나 조업도의 변화에 상관없이 일정한 비용이다. 반면에 변동비는 원자재비용 등 매출액이나 조업도의 변화에 비례하여 증감하는 비용을 말한다.

매출액에서 변동비를 공제한 차액을 한계이익이라고 하며, 이 한계이익을 매출액으로 나누면 한계이익률이 된다. 고정비를 한계이익률로 나누면 손익분기점 매출액이 된다. 매출액－변동비－고정비＝순이익이다.

손익분기점의 계산방법은 〈식 11-5〉와 같이 손익분기점의 매출액을 계산하는 경우와 〈식 11-6〉과 같이 매출량을 기준으로 계산하는 계산식이 있다.

$$① \ 손익분기점\ 매출액 = \frac{고정비}{1 - \frac{변동비}{매출액}} \quad (11\text{-}5)$$

$$\therefore \ TR^* = \frac{FC}{1 - \frac{VC}{TR}} = \frac{FC}{1 - \frac{V \cdot Q}{P \cdot Q}} = \frac{FC}{1 - \frac{V}{P}}$$

단, TR^*: 매출액 기준 손익분기점

FC: 고정비

VC: 변동비$= V \cdot Q$

TR: 매출액$= P \cdot Q$

$$② \ 손익분기점\ 매출량 = \frac{고정비}{가격 - 변동비} = \frac{FC}{P - V} \quad (11\text{-}6)$$

매출액이 손익분기점 이하인 경우에는 기업의 손실을, 그 이상인 경우에는 이익을 나타낸다. 또한 손익분기점이 낮을수록 수익성이 높다. 판매가격의 인상 또는 비용의 절감으로 손익분기점을 낮출 수 있다. 이윤 극대화를 목적으로 하는 기업은 경기침체나 경쟁회사 등장 등 어떠한 경영환경 변화에도 손익분기점 이상의 매출액을 달성해야 장기적으로 유지될 수 있다.

┃그림 11-5┃ 매출의 증가에 따른 수익과 비용 간 관계

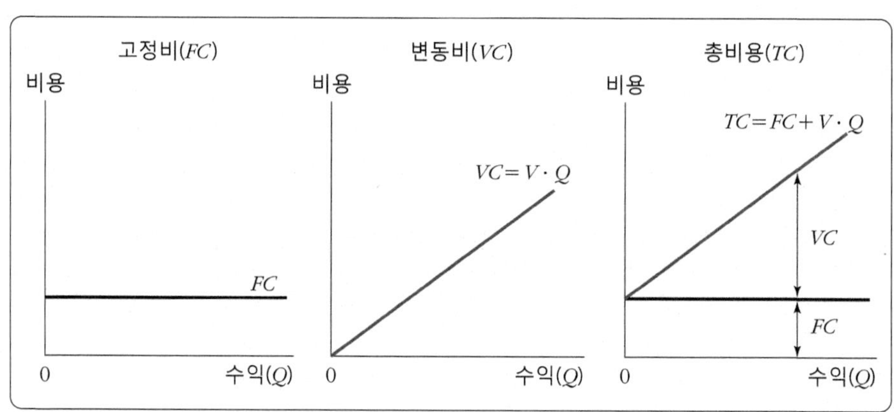

[그림 11-5]를 보면 매출액의 증가에 따른 비용과 수익의 변화를 알 수 있다. 손익분기점에 영향을 주는 요소로는 판매가, 원가요소의 가격, 원가구성, 생산방법 등이 있다.

3. 목표이익과 매출액

손익분기점 이상의 매출을 올리면 총수입의 증가분으로 인해 이익이 발생하게 되며, 판매량이 그 이하이면 총비용의 증가분으로 인해 손실이 발생한다.

일정한 목표이익을 올리는 데 필요한 매출액은 고정비+목표이익/(1－변동비/매출액)에 의해 계산된다. 기업의 목표이익을 설정한 후 기업의 목표를 달성하기 위한 매출량과 비용절감계획 등을 수립할 수 있다.

4. 손익분기점분석의 활용

이처럼 손익분기점은 초과이윤과 손실의 기준이 되기 때문에, 이익계획이나 경영분석 등에 널리 이용된다. 손익분기점분석이 효율적인 경영통제기법으로 사용될 수 있는 점은 한계개념, 즉 추가적인 판매나 비용 증가가 이익에 미치는 영향을 강조함으로써, 경영자로 하여금 자신의 의사결정이 가져올 한계적 성과에 관심을 갖도록 한다는 데 있다.

손익분기점분석은 판매계획을 세울 때 생산계획·조업도(Volume)정책·제품결정 등 각 분야에 걸쳐 다각적으로 이용된다.

손익분기점분석은 사업을 시작한 후 계산을 하지만 사업계획을 세우는 단계에서 추정매출액을 산출해 손익분기점을 안다면 더 효율적으로 사업계획을 수립해 진행해 나갈 수 있다.

고정비는 한번 정해지면 바꿀 수 없기 때문에 초기 사업계획단계부터 신중한 접근이 필요하다. 그러나 비용을 고정비와 변동비(비례비)로 2분하는 것은 편의적 방법이므로 그 논리의 유효범위는 국한적이다. 따라서 손익분기점의 정밀한 분석은 유효범위마다 구분하여 별개로 분석하여야 한다.

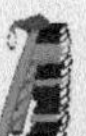

활용과 응용

본 장은 고정영업비용과 고정재무비용의 존재로 나타나는 레버리지효과가 왜 생기며 손익분기점을 중심으로 레버리지효과의 변화를 측정한다.

- 영업레버리지효과와 재무레버리지효과가 왜 생기는가?
- 영업레버리지효과와 재무레버리지효과의 분석방법을 설명할 수 있는가?
- 레버리지투자의 활용성공사례를 설명할 수 있는가?
- 매출액기준과 매출량기준의 손익분기점분석의 계산방법을 설명할 수 있는가?
- 손익분기점분석의 활용방안과 문제점은 무엇인가?

제 4 편

배당정책과 운전자본관리

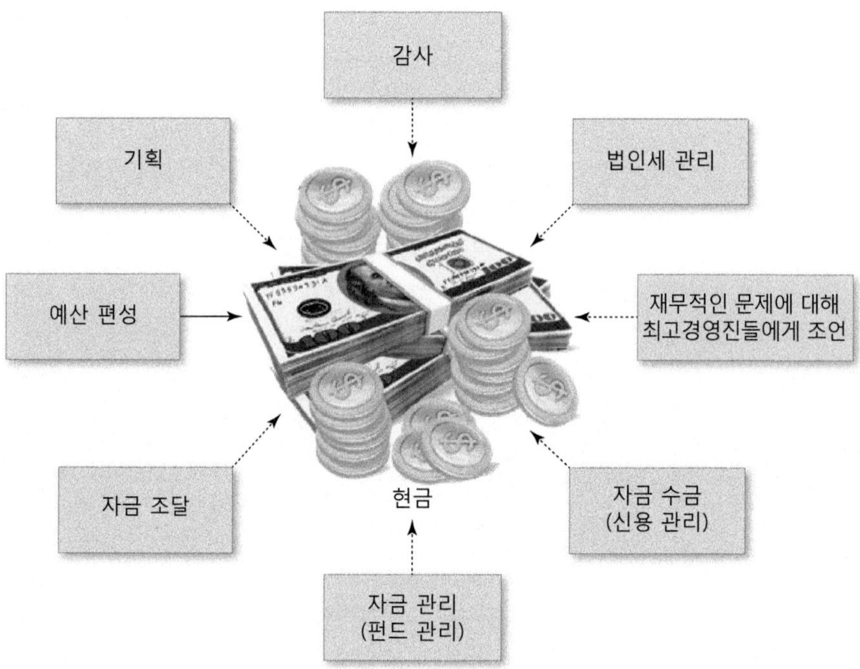
감사
기획
법인세 관리
예산 편성
재무적인 문제에 대해
최고경영진들에게 조언
자금 조달
현금
자금 수금
(신용 관리)
자금 관리
(펀드 관리)

제12장

배 당 정 책

학습목표

본 장은 배당의 개념과 영향요인 등을 알아보고 재무관리자가 배당을 실시할 경우 어떠한 배당정책을 실시하는 것이 기업가치를 극대화시키는 방안인지 살펴본다. 특히 배당과 기업가치 간의 관계에 대한 논란을 확인한다.

- 배당정책의 개념과 영향요인
- 현금배당과 배당의 지급절차
- 배당정책의 종류와 배당정책의 결정과정
- 배당의 특수형태
- 배당정책과 기업가치 간 관련성

제1절 배당정책의 개념과 영향요인

1. 배당정책의 의의

배당(dividend)은 경영활동의 성과로서 얻어진 당기순이익 가운데 주주에게 배분하는 것이다. 여기서 이익을 주주에게 지급되는 배당과 재투자를 위해 사내에 유보되는 유보이익으로 나누는 재무적 의사결정이 배당정책(dividend policy)이다. 그리고 주당이익 가운데 주당배당이 차지하는 비율을 배당성향(dividend payout ratio) 또는 배당지급률이라고 한다.

경영자의 입장에서는 출자자본에 대한 대가인 배당지급에 충당할 것인가 아니면 자금의 사외유출을 억제하고 가능한 많은 이익을 사내에 유보하여 자기자본을 축적하는 것이 좋은가에 대한 고민에 빠진다. 가령, 향후 높은 성장률의 실현이 가능한 투자기회가 존재한다면 기업가치 증대를 위해 재투자되는 유보이익을 선택하는 것이 좋을 것이다.

2. 배당정책의 영향요인

기업이 구체적인 배당정책을 결정하는 과정에서 고려하는 요인에는 유동성, 투자기회, 경영지배권, 법적 규제 등이 있다.

(1) 유동성

배당은 원칙적으로 현금배당을 의미하므로 배당 연도의 유동성(liquidity) 또는 자금사정에 의해 영향을 받는다. 유동성 부족은 배당지급능력을 제한한다. 하지만 필요시 언제나 차입이 가능하다면 차입에 의해 유동성을 확보할 수 있으므로 기업의 차입능력에 의해 상쇄될 수도 있다.

(2) 투자기회

수익성이 높은 투자기회(investment opportunity)가 존재하는 경우 장래의 자금수요에 대비하여 유보이익을 확대시키게 된다. 따라서 수익성이 높은 투자기회가 존재하는 경우 배당지급이 억제된다.

(3) 신주발행비용

기업이 신주발행에 의해 투자자본을 조달하는 경우에는 발행비용이 수반된다. 개별기업에 적용되는 발행비용이 높은 경우에는 배당을 적게 하고 유보이익에 의해 자본을 조달하는 것이 유리하다.

(4) 경영지배권

배당률의 결정시 대주주의 경우 배당정책은 경영지배권의 유지에 대한 고려가 중요하다. 유보이익에 의해 자기자본을 조달하는 경우에는 기존주주의 지배권에 변화가 없다. 그러나 배당을 지급하고 보통주의 발행에 의해 자기자본을 조달하는 경우에는 기존주주가 경영지배권을 유지하는 데 문제가 발생할 수도 있다. 그러므로 경영지배권이 문제된다면 유보이익을 선호하게 된다.

(5) 법적 규제

주주는 법적으로 배당청구권을 갖는 반면, 채권자는 이자에 대한 우선변제청구권을 갖는다. 채권자의 이익을 보호하기 위해서는 자본유지정책이 필요하고 주주의 이익을 보호하기 위해서는 배당확보정책이 필요하다. 따라서 이에 대한 법적 규제의 범위 내에서 배당정책이 이루어진다.

제2절 현금배당과 배당의 지급절차

1. 현금배당의 유형

배당은 현금배당이 원칙이다. 현금배당(cash dividend)은 지급방법에 따라 정규현금배당과 추가현금배당, 특별현금배당으로 나뉜다.

(1) 정규현금배당

정규현금배당(regular cash dividend)은 매 회기연말 정기주주총회의 의결을 거쳐 정기적으로 지급되는 배당을 말한다. 정규현금배당은 기업의 순이익이 일시적으로 증가하거나 감소하더라도 안정적인 배당을 위해 매년 일정한 배당을 지급하는 경향이 있다.

(2) 추가현금배당

추가현금배당(additional cash dividend)은 경영자가 기업의 경영실적이 장기적으로나 일시적으로 이익이 급증할 것으로 예상될 경우 정규현금배당 외에 추가적으로 지급하는 현금배당을 의미한다. 이는 순이익의 증가가 지속적으로 발생할 경우 지급할 수 있지만, 순이익의 증가가 일시적이면 중단될 수 있다.

(3) 특별현금배당

특별현금배당(special cash dividend)은 특별한 목적 등의 보너스 형태의 현금배당으로 정상적인 배당시기 이외의 시기에 임시주주총회 의결을 거쳐 지급하는 배당이다.

2. 배당의 지급절차

우리나라 상법에는 배당의 지급에 관한 사항을 매 회계연도 종료일로부터 3개월 내에 열리는 주주총회에서 결의하도록 규정하고 있다. 배당지급에 관한 사항은 주당배당금, 배당기준일, 배당지급일 등을 포함한다.

우리나라와 미국의 배당지급절차는 크게 다르면 양국의 절차를 비교하면 [그림 12-1]과 같다.

Ⅰ그림 12-1Ⅰ 한국과 미국의 배당지급절차 비교

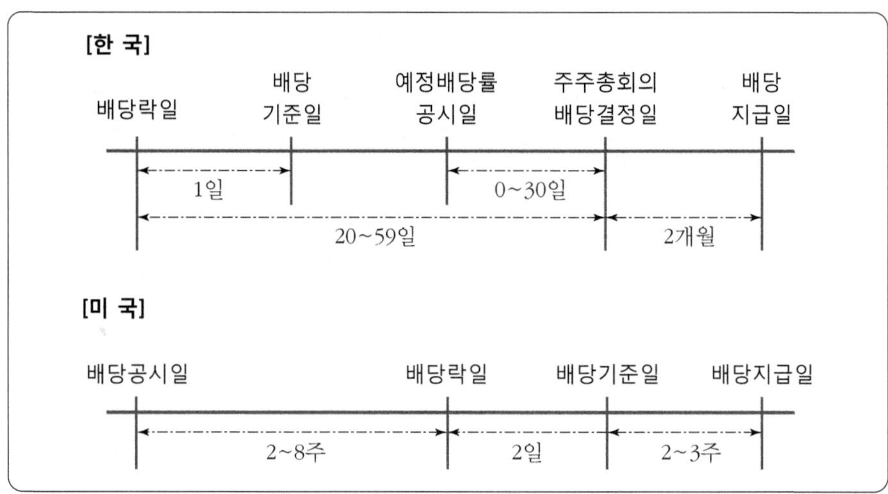

[그림 12-1]에서 배당기준일(record date)은 배당을 지급받을 주주를 확정시키기 위하여 주주명부를 폐쇄시키는 날을 말한다. 12월 결산법인의 경우 당해 사업연도의 마지막 날인 12월 31일이 배당기준일이다. 배당락일(ex-dividend date)은 배당금의 권리가 상실되는 날을 의미한다. 배당락일 이후 주식을 매입하는 경우 배당을 받을 수 없다.

현행 자본시장법에는 사업종료 후 90일 이내 주주총회에서 결산감사내용을 승인받아 사업보고서를 제출하도록 하고 있다.

제3절 배당정책과 정책결정과정

1. 배당정책의 종류

(1) 안정배당정책

안정배당정책(stable dividend policy)은 기업의 주당이익 변동에도 불구하고 기업의 주당 배당을 안정된 수준에서 유지하려는 정책을 말한다. 이는 이익수준의 변동이 크지 않는 경우에는 전년도 배당수준을 유지하고, 기업의 미래 이익 수준이 장기적으로 상승이 예상되는 경우 배당수준을 상향조정한다. 이와 같이 주당배당을 안정된 수준에서 유지하려는 정책이다.

(2) 잔여배당정책

잔여배당정책(residual dividend policy)은 신규투자에 필요한 소요자금 중 자기자본에 의하여 조달하여야 될 금액이 결정되면 잔여이익이 있는 경우에 한하여 배당을 지급하는 정책이다. 잔여배당정책은 유보이익에 의한 재투자수익률이 위험이 같은 대체가능한 투자기회로부터 얻을 수 있는 수익률보다 큰 경우, 주주들은 배당소득보다 유보이익에 의한 재투자를 선호한다는 가정에 기초한다. 잔여배당정책의 가장 큰 결점은 배당의 불안전성에 있다고 할 수 있다.

2. 배당정책의 결정과정

배당정책의 결정은 미래 잉여자금의 예측, 목표배당성향의 결정, 배당률의 결정이라고 하는 세 단계를 거쳐 결정된다.

(1) 미래 잉여자금의 예측

배당결정을 위한 첫 단계는 미래 일정기간 동안 기업의 자본지출과 영업활동에 의한 현금흐름의 예측이다. 현금흐름분석을 통하여 배당가능 금액의 범위, 소요자금의 범위, 그리고 가능한 목표배당성향(feasible target payout ratios)의 범위를 추정해야 한다.

(2) 목표배당성향의 결정

동종산업에 속하는 기업들의 일반적인 배당성향(customary target payout ratios)이나 해당 기업의 가능한 배당성향 범위, 그리고 주주들의 성향을 고려하여 장기적인 목표배당성향(long-term target payout ratios)을 정한다.

(3) 배당률의 결정

목표배당성향과 이익계획이 설정되면 기업은 안정적으로 유지할 수 있는 수준의 배당률을 결정해야 한다. 따라서 기업의 가치증대를 위한 방안 등을 고려해 보다 높은 배당률을 유지할 수 있는 경우에만 배당률을 증가시켜야 한다.

제4절 배당의 특수형태

현금배당 대신 기업의 배당과 유사한 효과를 나타내는 주식배당이나 주식분할, 자사주 매입 등 배당의 특수형태를 알아본다.

1. 주식배당

주식배당(stock dividend)은 배당의 일부 또는 전부를 현금 대신 주식으로 배당하는 경우를 말한다. 이는 이익잉여금을 현금으로 배당하지 않고 자본금으로 전입시켜 신주를 발행하여 지분비율에 따라 무상으로 배분하는 제도이다. 주식배당은 현금배당보다 사내유보시킴으로써 기업성장을 위한 자본조달의 대체가 가능하다. 이것이 주식시장에서 실적호조라는 긍정적인 신호가 될 수 있다.

2. 주식분할과 주식병합

주식분할(stock split)은 1주의 주식을 다수의 주식으로 분할하는 것을 말한다. 예를 들어 액면가 5,000원짜리 주식을 액면가 500원짜리 주식 10개로 쪼개는 것이다. 이는 자본전입이 수반되지 않는 단순한 주식수의 증가이다. 주식분할의 경우 주당이익, 주당배당, 수당순자산 등이 적어시므로 고주가인 주식의 주가를 낮추고 시장에서 거래가 활발하게 되는 효과가 있다.

주식병합(stock consolidation)은 기존의 발행주식수를 줄여 주당 액면가를 높이는 것을 말하며 주식분할과 정반대의 경우이다. 예를 들어 2 대 1의 주식병합이 이루어진다면 액면 5,000원인 주식 2주를 보유하고 있는 기존 주주는 새로이 발행된 액면 10,000원인 주식 1주를 갖게 된다.

3. 자사주 매입

자사주 매입(stock repurchase)이란 기업이 발행한 보통주를 매입하여 소각하거나 사내에 보유하는 경우를 말한다. 이 때 사내에 보유하는 주식을 금고주(treasury stock)라고 한다. 자사주를 매입하는 방법으로는 공개시장매입

(open market repurchase)과 공개매수(tender offer)가 있다. 공개시장매입은 기업이 시장에서 일반투자자와 마찬가지로 자사주를 매입하는 방법이고, 공개매수는 매수하고자 하는 주식의 수, 가격, 기간을 정하여 공시하고 희망자로부터 청약을 받아 매입하는 경우이다.

기업이 배당을 지급할 자금으로 자사주를 매입하면 발행주식수가 감소하므로 주당이익이 증가하고 주가가 상승하게 되어 주주들은 추가자본이득을 얻게 된다. 결국 자사주의 매입은 주주들에게 배당지급과 같은 효과를 나타낸다.

제5절 배당과 기업가치의 관련성

배당정책이 기업가치에 아무런 영향을 미치지 못한다는 MM의 배당이론 이후, 40여 년 동안 많은 배당정책과 기업가치 간 관련성에 대한 논쟁을 거듭해왔다.

배당정책에 관한 논쟁은 다음의 세 가지로 구분될 수 있다. 첫째 주장은 완전자본시장하에서 배당정책과 기업의 가치는 무관하다는 배당무관련론(dividend irrelevency)이다. 둘째 주장은 배당정책은 기업가치에 영향을 미친다는 배당선호론(pro-dividend)이고, 셋째 주장은 투자자는 배당보다 자본이득을 선호한다는 배당불선호론(anti-dividend)이다.

1. 완전시장과 배당이론

(1) 배당무관련론

밀러와 모딜리아니(M. Miller & F. Modigliani: MM)는 세금, 거래비용 등

이 존재하지 않는 완전자본시장에서는 기업의 배당정책과 기업가치와는 아무런 관련이 없다고 주장한다. MM의 가정은 다음과 같다. 1) 세금이 없다. 2) 거래비용이 없다. 3) 투자자들은 시장정보를 공유한다. 4) 투자자금을 외부에서 무제한으로 조달할 수 있다.

MM의 주장에 따르면 기업의 가치는 투자의 수익성에 의하여 결정된다. 이 때 순이익을 배당과 유보이익으로 구분하는 것은 단순히 기술적인 문제이므로 배당정책과 기업의 가치는 무관하다는 것이다. 가령 기업이 1억원의 필요한 자금을 조달하기 위해 신주발행을 한다면 보통주의 예상 자본이득을 정확히 상쇄시킨다는 것이다.

(2) MM의 고객이론

MM의 고객이론(clientele theory)은 배당정책의 변화에 수반되는 주가의 변화를 고객효과(clientele effect)에 의해 설명한다. 이는 배당성향에 따른 수요와 공급이 일치하는 균형상태에서는 배당정책이 주가에 영향을 미치지 않는다는 것이다. 증권시장에서 자본이득을 선호하는 투자자는 배당성향이 낮은 기업의 주식을 선호하는 반면, 배당소득에 의존하는 투자자는 배당성향이 높은 기업의 주식을 선택함으로써 배당소득에 대한 선호를 충족시킨다.

예를 들면 대부분의 기관투자가들은 다른 법인주주에 비해 상대적으로 높은 배당을 선호한다. 또 연금생활자와 같은 고령자가 지분을 많이 소유하고 있는 회사의 주식에는 높은 배당을 요구할 것이다. 한편 개인 대주주가 지배하고 있는 회사는 대주주 개인에 대한 높은 소득세율 때문에 낮은 배당을 선호할 것이다.

2. 시장의 불완전성과 배당이론

(1) 배당선호론

고든(M. J. Gordon)은 투자자들의 입장에선 미래의 불확실성에 의해 기대배당흐름을 기대자본이득보다 낮은 할인율로 할인하므로 높은 배당성장을 제공하는 주식을 더 높이 평가한다고 주장했다. 그러나 일반적으로 위험이 높은 투자안을 가지는 기업은 낮은 배당금을 지급하는 경향이 있다.

배당정책이 기업가치에 아무런 영향을 미치지 않는다는 주장과 세금의 불이익에도 불구하고, 실제로 많은 기업이 배당금을 지급하고 있으며 투자자들도 배당을 선호하는 경향이 있다는 것이다.

(2) 배당정책과 세금 (배당불선호론)

배당불선호론은 배당소득과 자본이득에 대한 차등과세 때문에 투자자들은 배당보다는 자본이득을 선호한다는 주장이다. 일반적으로 자본이득은 배당소득에 비해 훨씬 낮은 세율이 적용되기 때문에 같은 세전소득이라도 납세 후 소득은 자본이득이 훨씬 유리하다. 또 유보이익에 의해 자금을 조달할 경우 신주발행에 수반되는 발행비용을 피할 수 있고, 자본이득에 대한 과세는 주식의 매각에 의해 자본이득이 실현될 때 부과되므로 배당과세에 비해 세금의 지급시기를 지연시키는 이점이 있다.

우리나라의 배당소득은 대주주의 경우 다른 소득과 합산하여 종합과세대상이 되지만, 개인주주의 경우에는 원천 징수된다. 현재 주식투자에 의한 자본이득은 비과세하고 있다.

(3) 배당정책과 정보효과

자본시장에서는 기업들이 주주들에게 배당금을 지급하고 주가는 배당지급액의 변화에 민감하게 반응한다. 경영자들은 그들이 가진 미래수익 또는 현금흐름에 대한 내부자 정보(insider information)를 시장참여자에게 전달 또는 신호(signalling)하기 위한 수단으로 배당을 사용한다고 할 수 있다.

이러한 배당의 증가는 미래 수익력의 증대로 해석되어 주가에 양(+)의 영향을 미치고 예상외 배당의 감소는 미래 수익력의 감소로 해석되어 주가에 음(−)의 영향을 미친다고 할 수 있다. 이와 같이 배당의 변화가 기업의 미래 수익전망에 관한 유용한 정보를 투자자들에게 전한다면 배당정책이 주가에 영향을 미치는 것으로 해석할 수 있다.

(4) 배당정책과 대리비용

경영자와 주주 사이에는 대리관계가 성립하고 상호간 이해관계의 상충으로 주주들의 입장에서 보면 대리비용이 발생된다. 높은 배당지급은 경영자들로 하여금 내부금융보다는 외부금융에 의존하는 비율을 높인다.

자본시장에서 새로운 증권을 발행하여 자본을 조달할 경우 기관투자가들과 새로운 증권의 투자자들은 그 기업의 미래 전망에 관한 새로운 정보를 수집하여 평가한다. 이러한 그들의 행동은 주주들의 감시비용을 감소시킨다. 그리고 높은 배당지급은 기업의 재투자 권한을 주주에게 돌려주므로 재투자위험을 감소시켜준다. 이와 같이 지속적인 배당지급은 대리비용을 감소시키는 역할을 한다.

활용과 응용

본 장을 학습한 후 배당정책과 기업가치의 관계를 확인 후 기업의 가치를 극대화하기 위한 배당정책의 방안을 도출해낼 수 있어야 한다.

- 현금배당의 지급절차를 설명할 수 있는가?
- 배당정책의 결정과정을 설명할 수 있는가?
- 배당의 특수형태별 기업가치에 미치는 영향요인을 설명할 수 있는가?
- 왜 기업은 배당정책의 안정화를 선호하는가?
- 시장의 완전성과 불완전성에 따른 배당정책이론의 차이를 설명할 수 있는가?
- 배당과 기업가치 간의 관련성을 고려한 기업의 최적배당정책은 무엇인가?

제13장

운전자본관리

- 제1절 운전자본관리의 기본개념
- 제2절 현금 및 신용관리
- 제3절 운전자본조달정책
- 제4절 현금예산과 재무계획 및 통제

학습목표

본 장은 기업의 유동성 관리 등 운전자본의 개념을 이해하고 기업의 가치 극대화를 위한 운전자본 관리방안을 알아보고 각 운전자본정책의 특성과 문제점 등을 학습한다.

- 운전자본의 개념과 과제
- 운전자본관리와 현금흐름순환과정
- 현금관리와 신용관리
- 영업주기와 현금주기
- 운전자본의 조달정책과 관리방안
- 현금예산
- 재무계획과 재무통제

제1절 운전자본관리의 기본개념

1. 운전자본관리의 의의

(1) 운전자본의 개념

운전자본(working capital)은 기업의 효율적 운영과 수익획득을 위해 1년 이내 단기적으로 소요되는 운전자금으로 유동자산의 크기를 말한다. 운전자본은 두 가지 개념으로 볼 수 있다.

첫째, 운전자본을 유동자산의 총액으로 보는 총운전자본(gross working capital)의 개념이다.

둘째, 유동자산의 총액에서 유동부채의 총액을 공제한 순운전자본(net working capital)의 개념이다.

(2) 운전자본관리의 목표

운전자본관리(working capital management)는 기업가치극대화를 위해 운전자본, 즉 재무상태표 차변의 현금과 시장성 유가증권, 매출채권, 재고자산 등 유동자산과 유동부채를 효율적으로 운영·관리하는 것이다. 이는 운전자본의 총체적 조달과 운용에 관한 관리를 통한 기업가치 극대화에 초점이 맞춰진다.

> 순운전자본 = 유동자산 − 유동부채 = 비유동부채 + 자기자본 − 비유동자산

운전자본관리의 기본과제는 기업의 유동성 확보이다. 이는 최적수준의 운전자본조달과 개별 유동자산에의 최적 배분문제로 직결된다. 현금에는 현금

과 예금 및 현금등가물 등이 있다. 유동성확보를 위한 운전자본관리는 시장성유가증권과 매출채권, 재고자산 등의 현금화기간 및 전환비율 등 유동자산관리와 최적보유수준, 기업의 신용정책, 예상판매량, 계절적 변동 등 경영상황을 고려하여 적정한 크기의 운전자본을 조달하고 운영하는데 있다. 기업이 유동성확보를 위해 유동자산을 과다보유하면 유동성은 상승하지만, 상대적으로 수익성을 하락시킬 우려가 있다. 반대로 수익성의 추구로 유동성이 악화되면 유동부채에 대한 지급능력상실로 재무곤경(financial conflicts)에 빠질 가능성이 커진다. 어떠한 기업도 부채를 갚지 못하면 유동성위기에 빠지고 그 기업의 가치는 급락한다. 기업은 유동성 문제를 해결하기 위해 부채의 상환에 대비한 관리방안을 수립해야 한다.

운전자본 관리방안은 [그림 13-1]과 같이 기업의 재무상태표 구성항목인 유동자산과 유동부채의 관리이다.

▌그림 13-1▐ 유동자산과 유동부채

재무상태표

유동자산	유동부채
현금	외상매입금
시장성유가증권	단기차입금
매출채권	미지급금
재고자산	

2. 운전자본관리와 현금흐름순환과정

(1) 단기적 재무의사결정과 현금흐름

운전자본관리의 핵심은 현금흐름순환관리이다. 기업의 단기적 재무의사결정(short-term financial decision making)은 주로 1년 이내 발생되는 현금의 유입과 현금유출과 관련된 의사결정을 말한다. 현금유입과 유출은 일반적으로 금액과 발생시기가 일치하지 않음으로써 운전자본의 조달과 운용에서 그 금액과 시기를 일치시킨다는 것은 불가능하다. 그렇지만 먼저 1년 내 현금으로 전환이 가능한 유동자산인 현금과 시장성유가증권, 매출채권, 재고자산의 현금화 기관과 전환비율, 가격의 확실성 등에 대한 현금흐름추정이 필요하다.

(2) 영업순환주기

운전자본관리의 이슈는 영업활동이 신속하게 현금을 창출하고있는가? 매출채권이 신속하게 회수되고 있는가? 재고수준이 과도하지 않는가?이다.

영업순환주기(operating cycle)는 제조업체의 경우 원재료의 구입 및 인수로부터 제품이 생산돼 완제품의 판매로 대금이 현금으로 회수될 때까지의 일련의 과정이다. 이 영업순환기간은 원재료의 도착에서 매출채권이 현금으로 회수되기까지의 기간으로 재고자산전환기간과 매출채권회수기간을 합한 것이다.

영업순환기간＝재고자산전환기간＋매출채권회수기간

(3) 현금순환주기

현금순환주기(cash cycle)는 원재료의 대금지급(현금유출)으로부터 제품의 판매대금이 회수(현금유입)되기까지의 기간으로 영업순환기간에서 매입채무의 신용기간을 뺀 것과 같다. 매입채무의 신용기간은 원재료의 구매송장 도착에서 원재료대금 납부까지 걸리는 평균기간이다.

현금전환기간＝영업순환기간－매입채무의 신용기간

운전자본관리가 필요한 이유는 현금유출과 현금유입의 발생시점이 서로 일치하지 않기 때문이다. 현금유출과 현금유입간의 간격(gap), 즉 현금순환주기는 영업순환주기 및 매입채무의 신용기간과 관련이 있다.

유동성을 확보하기 위해선 매입채무신용기간의 연장이나 매출채권회수기간의 단축 등을 통한 영업순환기간을 짧게 하고 현금전환기간을 촉진시키면 가능해진다. 영업순환기간과 현금전환기간과 관련 세부적인 내용은 [그림 13-2]와 같다.

| 그림 13-2 | 영업순환기간과 현금전환기간

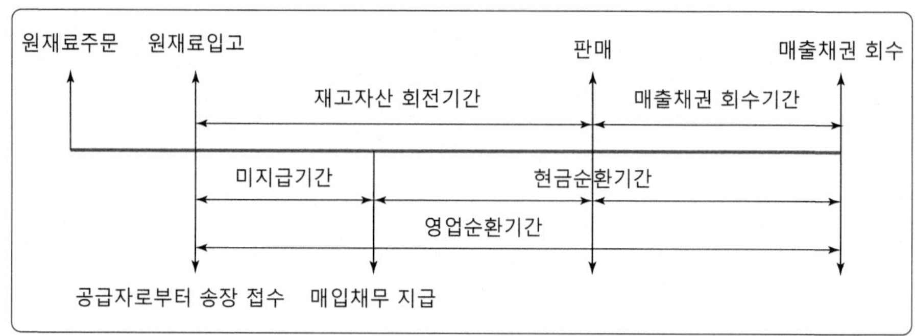

제2절 현금 및 신용관리

1. 현금관리

(1) 현금관리의 목적

현금관리의 목적은 현금의 보유수준을 최적으로 유지함으로써 유동성 확보와 수익성 증대를 추구하는 데 있다. 이러한 목표를 달성하기 위해선 최적 현금보유량의 결정과 현금의 조달시기와 금액에 대한 계획수립, 현금유·

출입의 통제를 주 내용으로 한다.

무엇보다 현금은 유동성이 가장 높은 자산이지만, 타 자산과 달리 보유에 따른 수익성이 없다. 따라서 기업이 현금을 너무 많이 보유하면 수익성이 저하되고 기업이 현금을 너무 적게 보유하면 유동성 부족으로 인한 지급불능위험과 대내외적인 신뢰도의 저하를 초래할 수 있다.

(2) 적정현금 보유수준의 결정

1) 현금보유동기

현금은 아무리 보유하더라도 전혀 이자를 창출하지 못한다. 그렇지만 기업들은 현금을 왜 보유해야 할까? 현금의 형태로 가지고자 하는 동기는 크게 세 가지로 나눌 수 있다.

첫째는 거래적 동기(transaction motive)이다. 이는 기업이 정상적인 영업활동을 유지하기 위하여 현금을 보유하는 경우를 말한다. 임금이나 세금, 매입채무, 배당금 등의 현금유출 시점과 매출, 자산매각, 신규차입 등에 의한 현금유입 시점이 서로 일치하지 않기 때문에 기업내에는 반드시 현금의 보유가 필요하게 된다.

둘째, 예비적 동기(precautionary motive)는 장래 갑작스럽게 발생할 상황에 대비, 필요한 현금을 미리 준비하여 보유하는 것을 말한다.

셋째, 투기적 동기(speculative motive)는 장래 더 큰 이익을 얻기 위해서 현금을 보유하려는 것이다. 가령, 앞으로 어떠한 주식가격이 급상승할 것으로 예상된다면 현금을 보유하고 있어야 기회를 잡을 수 있을 것이다.

2) 현금관리의 제비용과 현금보유수준의 결정

현금관리의 가장 중요한 과제는 기업의 현금보유수준을 최적으로 유지하는 것이다. 적정현금 보유수준은 과다한 현금을 보유했을 때 발생하는 기회

▎그림 13-3▎ 현금보유에 따른 관련된 비용

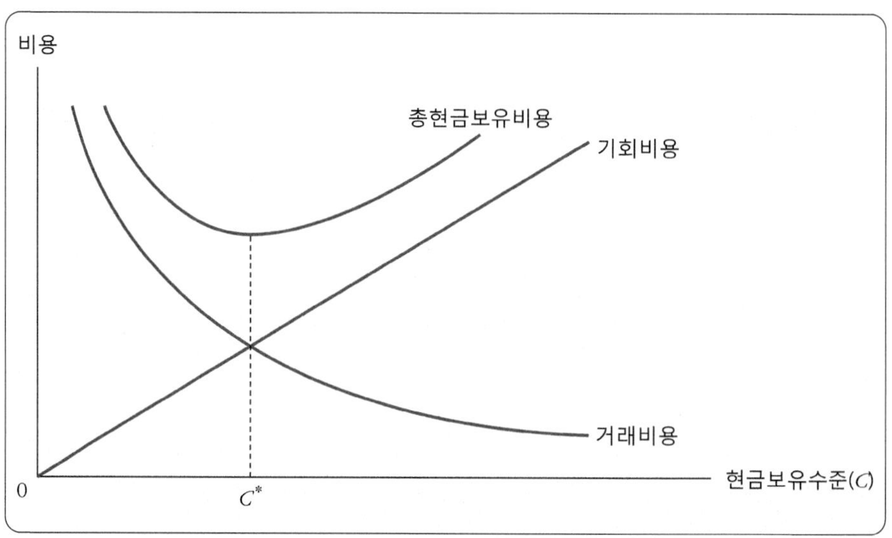

비용(carrying cost)과 너무 적게 보유했을 때 발생하는 거래비용(transaction cost)의 상관관계에 의해 결정된다.

현금보유량이 지나치게 적을 때는 유가증권을 자주 팔거나 추가적인 차입이 필요하므로 거래비용이 증가하게 된다.

[그림 13-3]을 보면 거래비용과 기회비용의 합인 총현금보유비용이 최저가 되는 점(C^*)이 적정현금보유수준을 나타낸다.

(3) 현금흐름의 효율적 관리

현금의 효율적 관리를 위해선 무엇보다 현금회수는 가능한 한 신속하게 처리하도록 하고 그 반면 현금유출은 가능한 한 지연시켜야 한다. 일반적으로 공급자에게 원재료 구입대금을 지급하거나 또는 고객으로부터 판매 시 외상이나 수표를 이용하게 된다. 이 경우 수표의 지급 또는 회수에 따른 절차에 의해 다소간의 시간 차이가 발생하고, 그 결과 기업 장부상의 당좌예금계정과 은행이 관리하는 해당 계좌의 당좌예금 잔액이 일치하지 않게 되며, 그 차이를 표류(float)라 한다.

1) 현금유입관리

현금유입관리는 고객이 지급한 현금이 회사에 유입되는 과정에서 현금누출은 방지하고 현금회수를 가능한 한 신속하게 하는데 있다. 기업의 현금유입을 촉진하기 위해서는 고객이 수표로 대금을 지불한 시점과 그 수표가 은행 당좌계정에서 입금되어 그 현금을 이용할 수 있는 시점과의 시간적 차이를 단축하여야 한다. 현금누출을 방지하는 일반적인 방법에는 내부견제제도가 있고 현금회수를 신속하게 하기 위해서는 사서함제도나 집중은행제도가 있다.

2) 현금유출관리

현금유출관리는 현금이 거래처에 도착하는 과정에서 발생하는 누출을 방지하고, 현금지급시기를 가능한 한 연기하거나 지연시키는 것이다. 일반적으로 현금지출의 연기를 위한 방법으로는 어음발행이나 신용카드 사용, 현금할인제도 등이 활용된다.

(4) 여유현금의 투자

기업이 현금유입과 현금유출의 관리를 통해 증가된 여유현금을 어디에 투자하고 보유하느냐에 따라 기업의 유동성과 신용능력 등이 달라진다. 일시적인 여유자금이 생기면, 단기금융시장에서 만기가 1년 미만인 증권 등에 투자를 할 수 있다. 여유현금의 효율적 관리를 위해 일정한 관리비용을 지급하여 투자전문회사에 의뢰하거나 은행의 자동이체계정을 이용하기도 한다.

자동이체계정이란 매 영업일마다 기업의 초과자금이 생기면, 은행이 이를 모두 수집하여 수익성자산에 투자하는 계정이다. 기업은 계절적이며 주기적으로 발생되는 기업의 경영활동에 필요한 자금조달이나 예정된 지출에 대비하기 위해서 일시적인 여유자금을 필요로 하게 된다. 여유현금은 현금과 예금 및 시장성 있는 투자유가증권, 단기 회수가능한 부동산 등 다양한 형태로 투자할 수 있다.

2. 매출채권관리: 신용관리

(1) 매출채권관리의 중요성

기업은 제품이나 서비스를 현금 또는 외상으로 판매하고 있다. 외상판매는 제품이나 서비스의 판매대금을 일정한 기간이 경과한 후에 결제하는 조건으로 판매하는 것이다. 이를 흔히 신용판매(credit sales)라고도 한다.

고객에게 신용판매로 인해 발생하는 채권이 매출채권이다. 매출채권에는 외상매출금과 받을어음이 있다. 매출채권관리가 중요한 이유는, 매출액증대를 위한 신용판매가 매출액의 증가를 가져오지만, 동시에 매출채권의 증가로 인한 대손(bad debt)의 위험이 커지는 단점이 있다.

매출채권의 관리목표는 신용판매에 의한 매출증가에 따라 발생하는 수익성과 대손위험, 그리고 기업의 유동성의 균형을 맞추는 데 있다.

(2) 신용정책과 신용분석

1) 신용정책

매출채권에 대한 투자규모는 신용판매의 규모와 매출채권의 평균회수기간에 의해 결정된다. 기업의 매출채권에 대한 투자는 신용판매와 회수기간에 영향을 미친다. 이와 같은 요인들에 대한 기업의 결정을 신용정책(credit policy)이라 한다. 신용정책은 매출채권의 증가에 따른 수익성과 비용간의 교환관계를 비교하여 결정된다. 결정변수로는 신용기준과 신용기간, 현금할인 등의 신용조건, 그리고 회수정책 등을 들 수 있다.

신용기준(credit standards)은 신용거래를 하는 주고객의 신용도, 즉 신용의 질을 평가하기 위해서 제시되는 기준이다. 신용기간(credit period)은 고객에게 허용된 매출채권의 상환기간이다. 신용기간은 대손가능성이나 매출채권의 규모, 제품의 특성, 경쟁 정도, 자사의 자금사정 등을 고려하여 결정한다. 기업이 고객에게 현금할인은 제공하는 이유는 외상매출금의 현금회수를 앞당기기 위해 현금할인(cash discount)의 이득과 할인으로 인한 손실을 고려해 할인조건을 결정한다.

2) 신용분석과 최적신용수준의 결정

[그림 13-4]에서 볼 수 있듯이 최적신용수준은 기회비용과 유지비용을 합한 총비용이 최소인 점에서 결정된다. 기회비용은 신용을 허용하지 않음으로써 발생될 수 있는 매출감소에 따른 손실을 말하며, 유지비용은 신용을 허용하는 경우에 발생하는 비용으로서 현금회수의 지연, 회수불능으로 인한

| 그림 13-4 | 최적신용수준의 결정

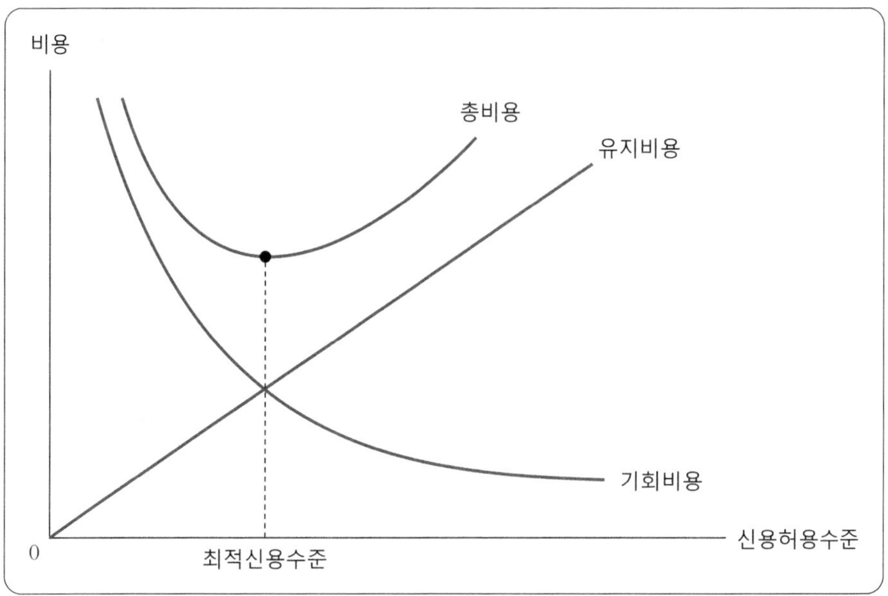

손실(대손상각비용), 신용관리비용 등이 포함된다.

가령, 가격에 비해 신용정책이 상대적으로 융통성을 가진 기업이라면, 초과생산능력의 존재, 낮은 변동비, 단골고객 등에 의해 신용은 훨씬 확대될 수 있다. 그리고 신용거래를 고려할 때 가능한 정보를 이용하여 고객의 파산가능성 등 고객의 신용도를 객관적으로 평가하여 계량화하는 것이 좋다.

(3) 회수정책

회수정책(collection policy)은 매출채권의 회수절차 및 프로그램을 말한다. 특히 고객에게 외상매출금 등의 대금회수와 관련해 일정한 할인혜택을 줌으로써 고객을 증가시키고 매출채권의 회수기간을 단축시키려는 할인정책(discount policy)이 있다. 또 매출채권을 회수하기 위하여 신용관리자는 고객별로 우편 또는 전화를 이용하거나, 수금원이 직접 방문하여 회수하거나 대금체납에 대한 법적 조치를 취할 수 있다.

회수정책을 결정할 때 매출채권의 회수를 촉진시키면, 회수비용은 증가하지만, 대손손실비용은 감소하게 된다. 회수비용이 증가함에 따라 대손상각비용이 계속 감소하다가 어느 점에 이르면, 회수비용이 증가하더라도 더 이상 대손손실비용이 감소하지 않는다. 이러한 점을 포화점(saturation point)이라고 한다. 재무담당자는 매출채권 평균회수기간과 매출채권 회수기간일정표 등을 이용하여 대금회수를 통제할 수 있다.

제3절 운전자본조달정책

1년 이내 도래하는 부채를 갚기 위해선 어떠한 자본을 조달하는 것이 좋을까?

기업의 단기재무정책은 유동자산의 투자규모와 유동자산의 자본조달방법 등에 의해 결정된다. 유동자산의 투자규모는 매출액에 대한 유동자산의 비율(유동자산 / 매출액)로 측정된다. 탄력적 단기재무정책은 이 비율을 높게 유지하는 반면, 긴축적 단기재무정책은 이 비율을 낮게 유지하는 것이다. 그리고 유동자산의 자본조달방법은 고정부채에 대한 유동부채의 비율(유동부채 / 고정부채)로 측정된다.

1. 유동자산의 투자규모

유동자산에 대한 투자규모는 유동자산의 증가에 따라 증가하는 비용과 감소하는 비용 사이의 상반관계에 의해 결정된다. 유동자산에 대한 투자규모의 증가에 따라 증가하는 비용을 유지비용(carrying cost)이라 하며, 반대로 감소하는 비용을 부족비용(shortage cost)이라 한다. 유지비용은 유동자산의 경제적 가치를 보존하기 위해 지출하는 비용과 상대적으로 수익성이 높은 고정자산에 대한 투자를 포기하기 때문에 발생되는 손실로 구성된다. 그리고 부족비용은 유동자산에 대한 투자규모가 적을 때 발생되는 비용이다.

유동자산에 대한 최적투자규모는 유지비용과 부족비용을 합한 총비용이 최소가 되는 점에서 결정된다. 유동자산의 규모에 있어서 가장 중요한 변수는 기업의 매출액이다. 기업의 매출액 증가에 따라 유동자산의 규모가 커지므로 유동자산의 보유수준에 따른 비용절감 등을 위한 유동자산 관리정책이 필요하다. 이에는 [그림 13-5]와 같이 보수적, 중간적, 공격적 유동자산 관리정책으로 분류한다.

❙그림 13-5❙ 유동자산 투자정책의 종류

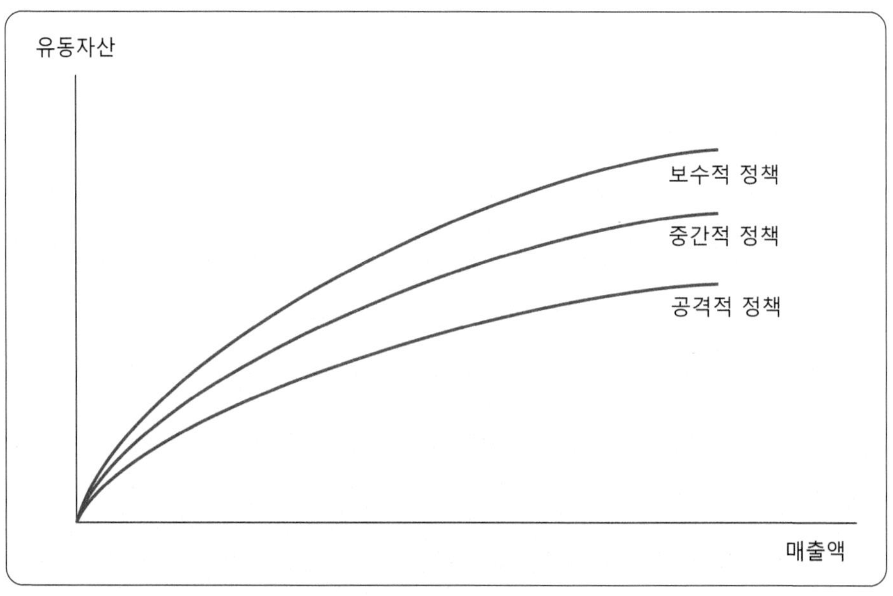

2. 유동자산의 투자와 자본조달방법

유동자산에 대한 투자규모가 결정되면 이에 필요한 자본조달방법을 결정하여 현금을 확보하고 현금 이외의 유동자산에 투자한다.

(1) 이상적인 자본조달정책

가장 이상적인 자본조달방법은 유동자산은 유동부채로, 고정자산은 고정부채와 자기자본 등 장기자본으로 조달하는 것이다. 이 경우 순운전자본이 0이 되어 유동성 유지비용도 최저가 될 것이다.

(2) 현실적 모형

매출액의 장기적인 성장은 유동자산에 대한 영구적인 투자를 초래하기 때문에 현실적으로 유동자산의 관리와 이에 대응한 자본조달정책 수립은 쉽지 않다. 성장기업의 경우 총자산의 투자규모는 장기적으로 증가하는 고정자산 및 영구적 유동자산과 계절적으로 변동하거나 매일 또는 매월 불규칙적으로 변동하는 변동적 유동자산으로 구성된다. 탄력적(보수적) 자본조달정책하에서는 장기자본(고정부채+자기자본)을 여유있게 확보하여 총자산의 투자에 필요한 자금을 충당한 후 남는 여유자금을 유동성이 높은 유가증권의 구입에 사용한다. 그러나 긴축적(공격적) 자본조달정책하에서는 총자산의 투자에 필요한 자금을 확보하기 위하여 수시로 단기자금을 차입해야 한다.

3. 자본조달정책의 종류와 관리방안

(1) 공격적 자본조달정책

공격적 자본조달정책은 단기적으로 사용하는 자금을 가능한 단기부채로 조달하고 장기적으로 사용하는 자금은 장기부채 또는 자기자본으로 장·단기 자금소요기간에 맞춰 조달함으로써 유휴자본을 최소화하고 이자비용을

| 그림 13-6 | 공격적 자본조달정책

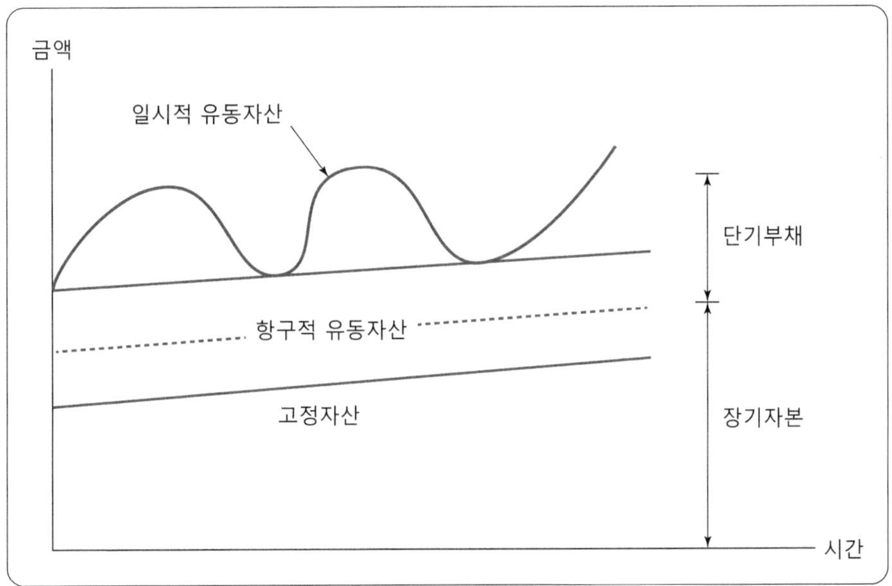

▌그림 13-7▌ 보수적 자본조달정책

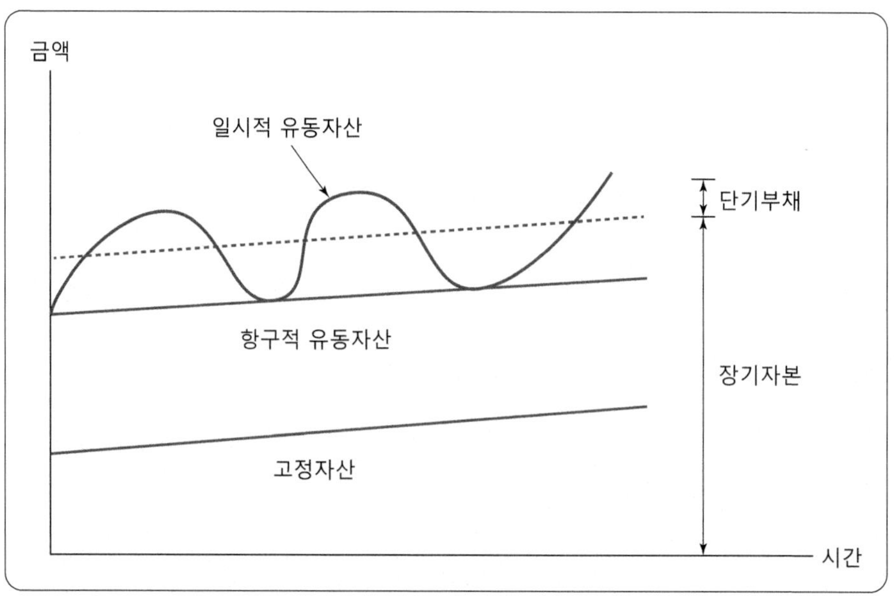

▌그림 13-8▌ 중립적(중간적) 자본조달정책

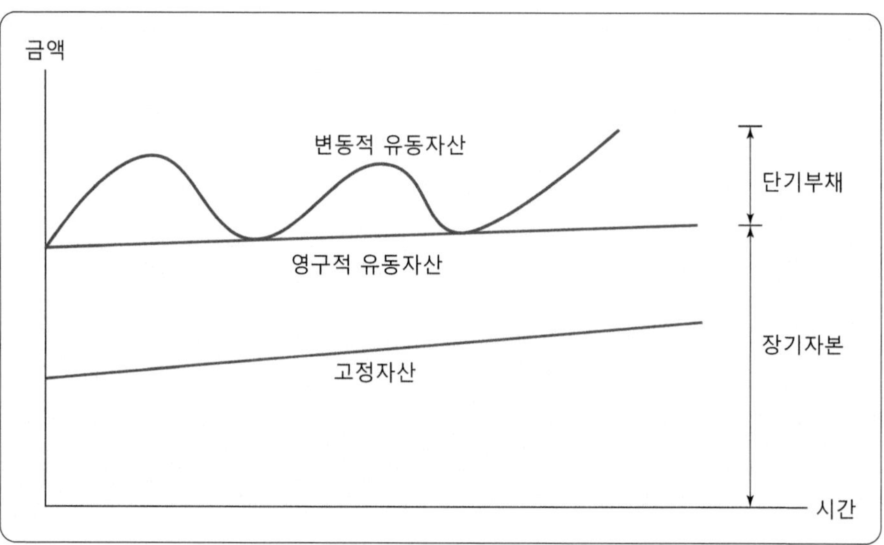

극소화시키는 방법이다. [그림 13-6]의 공격적 자본조달정책은 금리가 낮은 단기부채의 사용을 늘려 자본조달비용을 줄이는 방안을 나타내고 있다.

(2) 보수적 자본조달정책

[그림 13-7]의 보수적 자본조달정책은 필요한 자금을 가능한 장기자본으로 조달하는 방법이다. 이는 다소 비싼 장기자본의 사용을 늘려 풍부한 유동성을 유지하면서 지급불능의 위험을 줄이는 정책을 추진한다. 하지만 이자비용의 증대 등으로 수익성이 떨어지는 단점이 있다.

(3) 중립적(중간적) 자본조달정책

[그림 13-8]은 이 두 방법을 절충한 형태가 중립적(중간적) 자본조달정책이다. 이는 고정자산, 영구적 유동자산, 일부 변동적 유동자산 등을 장기자본으로 조달하고, 변동적 유동자산 중 장기자본으로 조달된 것을 제외한 나머지 부분은 단기자금을 차입하는 방법이다.

자본조달정책에 있어서 얼마만큼 단기부채와 장기자본으로 조달할 것인가의 정책결정의 핵심요인은 이자비용 등 자금조달비용적인 측면과 값싼 단기부채의 사용증가에 따른 위험의 증감 여부이다.

4. 최적 단기자본조달정책

기업마다 어느 정도의 유동부채를 사용하는 것이 자본비용이 가장 낮고 가장 최적인가에 대한 명확한 기준이 없다. 결국 기업의 신용도와 재무관리자의 역량 등에 따라 자본조달정책은 크게 달라질 수 있다.

기업의 신용도가 높은 기업은 그만큼 신용도에 따른 자본조달능력이 높아져 값싼 단기자금의 사용을 증가시킬 것이다. 또 유능한 재무관리자가 있다면 다양한 자본조달을 찾고, 기업의 장·단기적 성장단계별 혹은 글로벌

투자회사 등으로부터 외자유치, 관련 기업 간 전략적 제휴나 M&A(기업의 매수합병) 등을 통한 최적자본조달정책을 수립해 나가야 한다.

(1) 여유현금

보수적인 자본조달정책하에서는 여유현금(cash reserves)을 충분히 유지하면 단기차입의 필요성은 거의 없으며, 기업이 재무적 곤경에 처할 가능성도 줄어든다. 이 때 유동성을 유지하기 위해 현금과 유가증권을 많이 보유하면 수익성이 낮아진다.

(2) 만기헤징

만기헤징(hedging)이란 자산과 부채의 만기를 일치시켜서 이자율변동에 따른 위험을 최소화한다는 의미이다. 유동부채에 의해 조달된 자금으로 고정자산에 투자하는 등 자산과 부채의 만기가 적절하게 연계되어 있지 않으면 빈번하게 자금을 조달하여야 한다. 장기이자율보다 단기이자율의 변동이 더 크기 때문에 그 만큼 위험부담이 커지게 된다.

(3) 이자율의 차이

일반적으로 단기부채의 이자율은 장기부채의 이자율보다 낮은 경향이 있다. 이는 장기자금을 사용하면 상대적으로 금융비용이 높아지는 것을 의미한다. 그래서 재무관리자는 단기 자금부족이나 지급불능 등의 위험에도 불구하고 기업의 금융비용부담을 줄이기 위해 단기부채의 조달을 늘린다.

제4절 현금예산과 재무계획 및 통제

1. 현금예산

현금예산(cash budget)은 재무계획을 토대로 미래 일정기간 내 현금유입과 현금유출을 추정하여 금액으로 표시한 것이다. 재무담당자는 현금예산을 통해 현금흐름의 규모와 시기를 파악하여 단기재무계획을 수립할 수 있다.

현금예산은 주별, 월별, 분기별 또는 연도별로 작성될 수 있다. 현금예산은 무엇보다 정확한 재무예측이 중요하다. 현금예산의 수립기간은 기업의 경영환경과 예산제도에 의해 결정된다. 일반적으로 현금흐름이 매우 불규칙하고 변동이 심한 기업의 경우 짧은 기간의 현금예산을 수립하는 것이 좋다. 반면에 현금흐름이 비교적 안정적인 기업의 경우 다소 장기간의 현금예산을 수립하는 것이 바람직하다.

현금예산을 수립하기 위해서는 먼저 매출액에 대한 정확한 재무예측이 선행되어야 한다. 현금유입과 현금유출을 예측해 이를 상호 비교하여 최종 석인 현금예산을 완성하게 된다. 현금유출에는 매입채무의 상환이나 임금, 세금 및 기타비용, 자본적 지출이나 장기자본조달로 인한 지출 등도 포함한다.

재무분야의 원활한 관리를 위해선 [그림 13-9]와 같이 장·단기 재무예측을 통한 재무기획에서 자본예산과 현금예산 등 운용예산을 거쳐 재무통제까지 일련의 연계관리가 필요하다.

Ⅰ그림 13-9Ⅰ 재무계획과 재무통제의 과정

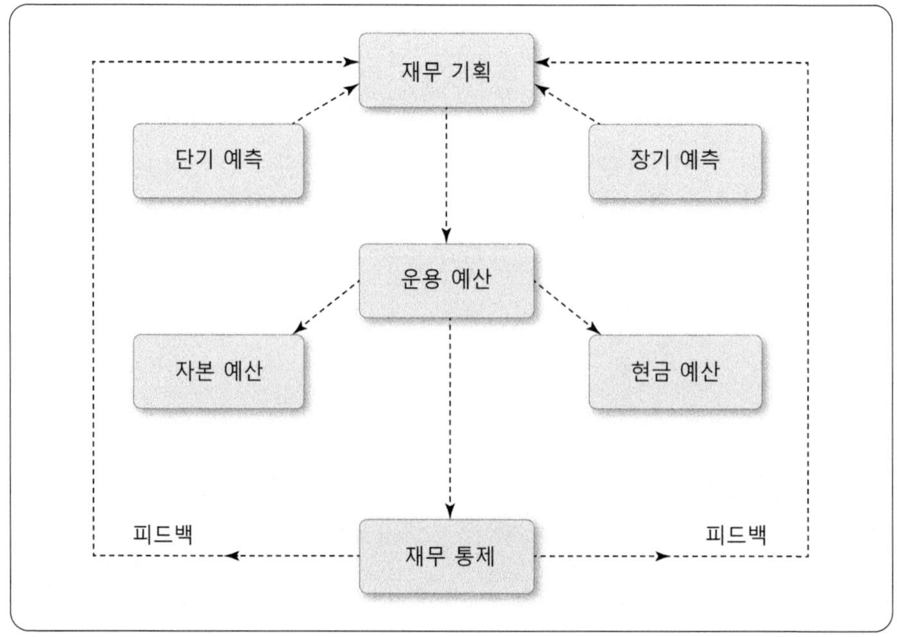

2. 재무계획

재무계획(financial planning)은 장·단기 재무예측(financial forecasting)을 토대로 기업 내 재무담당자가 담당하고 있는 활동인 소요 자금의 원천과 운용에 관한 전반적인 기술서이다. 이는 일정 계획 기간 동안 기업이 추구하는 목표 가치를 극대화시킬 수 있는 합리적인 방안을 수립하는 일련의 과정이다. 재무담당자는 기업의 목표와 그 목표를 달성하기 위한 최적의 활동 대안을 선택하고 이를 구체화하여 재무계획을 실행했을 경우 나타날 성과를 측정한다. 재무계획을 기초로 작성된 자본예산과 현금예산의 집행 후 성과평가를 통해 일정한 관리지표를 마련하여 재무통제의 기준을 확립하여야 한다.

3. 재무통제

재무통제(financial control)는 재무계획의 수행 결과로 나타나는 수익, 비용, 이익, 투자수익률, 경제적 부가가치 등에 대하여 측정하고 재무목표 대비 평가함으로써 조직의 재무적 성과를 향상시키거나 유지시키기 위한 방법이다.

재무통제는 조직의 단위별로 투자수익률 등의 재무목표를 달성하기 위해서 적용가능하다. 전년도 각 사업별 자본예산이나 현금예산은 다음해 예산의 효율성판단 및 작성의 기준이 된다. 따라서 조직 전체 및 단위별 운용예산을 토대로 재무통제를 실시하여, 재무목표의 달성을 위해 지속적인 환류(feedback)를 해나가야 할 것이다.

활용과 응용

본 장을 학습한 후 현금 및 신용관리 등의 관리방안을 학습하고 운전자본관리가 기업의 가치에 어떠한 영향을 미치며 최적현금보유수준과 최적신용정책을 통한 기업가치극대화전략을 수립한다.

- 운전자본관리방안을 수립할 수 있는가?
- 운전자본의 관리가 기업가치에 어떠한 영향을 미치는가?
- 기업의 적정현금보유수준은 어떻게 설정되는가?
- 신용관리정책의 결정기준은 무엇이며 왜 기준설정이 필요한가?
- 운전자본조달정책의 결정요인은 무엇인가?
- 현금예산과 재무계획의 관계를 설명할 수 있는가?
- 재무계획과 재무통제의 과정을 설명할 수 있는가?

참고문헌

감형규,「알기쉬운 재무관리」, 유원북스, 2016
강신성·김병순·이광로 공저,「제6판 재무관리」, 신영사, 2014
김동훈·홍순구·박경욱 공저,「알기쉬운 재무관리」, 학현사, 2002
김영규·감형규 공저,「제2판 에센스 재무관리」, 박영사, 2002
김희오 외 4인 공저,「창업과 경영」, 경영과미래, 2011
심준섭·김승호 공저,「경영의 이해」, 도서출판 선, 2012
심준섭·김승호 공저,「창업의 이론과 실무」, 도서출판 선, 2012
심준섭,「투자와 재테크」, 글벗, 2010
안영창·신성목 공저,「병원 재무관리」, 보문각, 2013
이광로·김병순 공저,「재무관리」, 신영사, 2003
이상우·이의경 공저,「알기쉬운 재무관리」, 명경사, 2004
이재하·한덕희 공저,「핵심투자론」, 박영사, 2014
장세진,「경영전략」, 박영사, 2014
장영광·정기만 공저,「생활속의 경영학」, 신영사, 2012
정순진, 제6판「경영학연습」, 법문사, 2008
정한규,「재무관리」, 경문사, 1996
조지호·정성훈 공저,「ESSENCE 재무관리」, 박영사, 2012
최용식,「금융시장과 재무전략」, 신영사, 20006
황인경·서원식·함유상 공저,「의료재무관리」, 시그마프레스, 2012

[저자약력]

영남대학교 상경대학 경영학과(경영학 학사)
경북대학교 대학원 경영학과(경영학 석사)
경남대학교 대학원 경영학과(경영학박사)
경영지도사
태평양교육재단 등 인생과 재테크 강사
경운대학교 의료경영학부 학부장
현 경운대학교 교양교육학부 통섭전공 교수

[저서 및 주요 논문]

퓨전사회의 경영학 이해(공저, 경문사)
경영의 이해(공저, 선출판사)
투자와 재테크(글벗) 등
사내벤처캐피탈 투자기업의 기술혁신 효과분석(대한경영학회)
지역소재 자영업자 4대 사회보험 부담경감 방안(지역사회연구)
경영자의 혁신DNA와 다차원적 성과 구성(국제경상교육연구)
경영자의 혁신DNA와 재무성과(재무회계연구) 외

[장래계획]

재무관리의 모바일 강좌 운영(http://lms.ikw.ac.kr/ilos/main)
E-mail: jsshim@ikw.ac.kr

쉽게 배우는 **재무관리**

2025년 2월 28일 중판 인쇄
2019년 12월 26일 초판 발행

저 자 심 준 섭
발행인 이 구 만
발행처 유원북스 도서출판
04091 서울특별시 마포구 토정로 222, 416호
(신수동, 한국출판콘텐츠센터)
대표전화 (02)593-1800 Fax (02)6455-1809
등록 2011. 9. 6. 제25100-2012-3호
www.uwonbooks.com uwbooks@daum.net

정 가 20,000원 ISBN 979-11-6288-102-6 93360

이 도서의 국립중앙도서관 출판예정도서목록(CIP)은 서지정보유통지원시스템 홈페이지(http://seoji.nl.go.kr)와 국가자료종합목록 구축시스템(http://kolis-net.nl.go.kr)에서 이용하실 수 있습니다. (CIP제어번호: CIP2019051681)